Peter Schmidt

Aby M. Warburg und die Ikonologie

GRATIA

Bamberger Schriften zur Renaissanceforschung

In Verbindung mit Stephan Füssel und Joachim Knape

herausgegeben
von
Dieter Wuttke

20

1993
Harrassowitz Verlag · Wiesbaden

Peter Schmidt

Aby M. Warburg und die Ikonologie

Mit einem Anhang
unbekannter Quellen zur Geschichte
der Internationalen Gesellschaft
für Ikonographische Studien
von
Dieter Wuttke

Zweite, unveränderte Auflage

1993
Harrassowitz Verlag · Wiesbaden

Das Umschlagbild stammt aus Johann Arndt: Sämtliche geistreichen Bücher vom wahren Christentum. Frankfurt/M. 1700.

Die Deutsche Bibliothek – CIP-Einheitsaufnahme

Schmidt, Peter:
Aby M. Warburg und die Ikonologie / Peter Schmidt.
Mit einem Anh. unbekannter Quellen zur Geschichte der
Internationalen Gesellschaft für Ikonographische Studien von Dieter Wuttke. –
Zweite, unveränd. Aufl. – Wiesbaden : Harrassowitz, 1993
(Gratia ; 20)
ISBN 3-447-03024-0
NE: GT

Gedruckt auf alterungsbeständigem Offsetpapier der Fa. Nordland Papier, Dörpen/Ems.
Druck und Verarbeitung: MZ-Verlagsdruckerei GmbH, Memmingen
Printed in Germany

ISSN 0343-1258
ISBN 3-447-03024-0

Inhalt

Peter Schmidt: Aby M. Warburg und die Ikonologie

Anhang

Vorwort

Die vorliegenden Ausführungen entstanden auf Anregung von Dieter Wuttke zunächst als Beitrag zu dessen Hauptseminar über die "Geschichte und Methodik der Kulturwissenschaftlichen Bibliothek Warburg" im Wintersemester 1987/88 an der Universität Bamberg. In erweiterter Fassung konnte ich sie am 10. Juni 1988 als Vortrag im "Dritten Interdisziplinären Forum des Lehrstuhls für Deutsche Philologie des Mittelalters und der Frühen Neuzeit" der Universität Bamberg wiederholen. Für viele Anregungen und Hinweise danke ich Dieter Wuttke, der auch die Aufnahme in die Schriftenreihe GRATIA ermöglicht hat.

Dieser Beitrag will kein vollständiger Forschungsbericht sein. Es sollen nur bestimmte Aspekte eines methodengeschichtlichen Problems angesprochen werden, über das in der Kunstgeschichte bis heute offenbar nicht nur Klarheit herrscht. Die Ausführungen geben einen Überblick über die Ursprünge der Ikonologie, aber auch einen Ausblick auf Kritik an der Methode und neuere Weiterentwicklungen. Besonders bei letzteren zwei Punkten konnten nur einige ausgesuchte Arbeiten berücksichtigt werden; eine kleine Auswahl von Literaturhinweisen, die mir wichtig erschienen, ist deshalb wenigstens in den Anmerkungen aufgeführt.

Bamberg, März 1989 P. S.

1. Einführung

Es steht heute außer Zweifel, daß Ikonographie und Ikonologie zu den wichtigsten Arbeitsgebieten bzw. Methoden der Kunstwissenschaft zählen. Dies zeigt nicht nur ein Blick in die einschlägigen methodischen Einführungen in die Kunstgeschichte und in die verschiedensten Lexikonartikel. 1979 konnte Martin Warnke in Anlehnung an eine kunsthistorische Stilbezeichnung erklären: "Die ikonographische Methode ist sozusagen der 'internationale Stil' der Kunstwissenschaft geworden." [1] In der letzten Zeit jedoch wurde besonders die Ikonologie zur Zielscheibe heftiger Kritik.[2] Bei einer so bedeutenden und dennoch heute wieder so umstrittenen Methode ist die Frage nach ihrem Ursprung berechtigt und notwendig.

Hier soll die Aufmerksamkeit besonders der Rolle Aby M. Warburgs in der Geschichte der Ikonologie gelten. Sein Name wird häufig im Zusammenhang mit dem Stichwort 'Ikonologie' erwähnt. Doch darüber, wie Warburgs Bedeutung in der Geschichte der Ikonologie nun genau zu bewerten ist, herrscht

1 Martin Warnke: (Rez.) Salvatore Settis. La Tempesta Interpretata. Giorgione, i commitenti, il soggetto. Torino 1979. In: Kritische Berichte 7 (1979), H. 2/3, S. 41. - Womit Warnke genaugenommen die ikono*logische* Methode meint.

2 Vgl. Kap. 9; dort auch weitere Literaturhinweise. Von den jüngeren Veröffentlichungen zur Debatte um die Ikonologie seien hier nur einige genannt: Svetlana Alpers: The Art of Describing. Chicago 1983. Dt. Übersetzung: Kunst als Beschreibung. Holländische Malerei des 17. Jahrhunderts. Köln 1985. (Vgl. besonders das Vorwort von W. Kemp). Dazu s.u. Kap. 9. - Oskar Bätschmann: Logos in der Geschichte. Erwin Panofskys Ikonologie. In: Lorenz Dittmann (Hrsg): Kategorien und Methoden der deutschen Kunstgeschichte 1900-1930. Stuttgart 1985, S. 89-112. - Horst Bredekamp: Im Himmel der Interpretation. Zur gegenwärtigen Krise der ikonologischen Methode in der Kunstwissenschaft. In: FAZ Nr. 270, 20. 11. 1986. - A. Beyer: Aufbruch in die Bedeutungslosigkeit? Zur aktuellen Debatte um ikonologische Ansätze in der Kunstgeschichte. In: Kritische Berichte 15 (1987), H. 3/4, S. 20-27.

nicht nur Einigkeit. Man findet da etwa die Ansicht, Erwin Panofsky sei der eigentliche Vater der Ikonologie, Warburg höchstens der Großvater, der mit verwandten Ideen im Hintergrund stand;[3] daneben gibt es die Meinung, Warburg sei als Begründer von Methode und Begriff der Ikonologie anzusehen.[4] Es finden sich aber auch Beispiele, wo Warburg völlig ignoriert wird.[5]

Solche Fälle scheinen aber, wenigstens in der deutschen Kunstgeschichte, inzwischen die Ausnahme zu sein. An dem Namen Aby M. Warburg kann inzwischen kein ernsthafter Kunsthistoriker mehr vorbei, doch ist dies das Ergebnis einer noch nicht sehr alten Entwicklung. Erst in den letzten zwei Jahrzehnten ist Warburg wieder verstärkt in das Bewußtsein auch der deutschen Kunsthistoriker getreten. Im nationalsozialistischen Deutschland

3 Diese Ansicht, Panofsky sei der Vater der Ikonologie, dem nur ähnliche Ideen Warburgs und seines Kreises vorausgingen, ist weit verbreitet. Vgl. diverse Lexikonartikel, z.B. Lexikon der Kunst. 5 Bde. Leipzig 1968-1978. Bd. 2. S. 370.

4 So schreibt etwa Appuhn: "Warburg wählte das Wort 'Ikonologie' für die von ihm begründete Methode." Horst Appuhn: Einführung in die Ikonographie der mittelalterlichen Kunst in Deutschland. Darmstadt 1979, S. 1.

5 Z.B. Mark Roskill: What is Art History? New York/London 1976. (Rezensiert von Debra Pincus, in: Renaissance Quarterly 32 (1979), S. 243-245. Auch hier wird die fehlende Berücksichtigung Warburgs und seiner Nachfolge kritisiert.) Die mangelnde Beschäftigung eines amerikanischen Autors mit Aby M. Warburg mag daran liegen, daß seine Schriften bislang noch nicht ins Englische übersetzt sind. Auf der anderen Seite aber erschien Gombrichs Warburg-Biographie zuerst in englischer Sprache: E.(rnst) H.(ans) Gombrich: Aby Warburg. An Intellectual Biography. With a Memoir on the History of the Library by F.(ritz) Saxl. London 1970.- Deutsche Übersetzung erst elf Jahre später unter dem Titel: Aby Warburg. Eine intellektuelle Biographie. Frankfurt a.M. 1981. - Zur Würdigung Aby M. Warburgs in der englischsprachigen kunsthistorischen Literatur s. Dieter Wuttke: Die Emigration der Kulturwissenschaftlichen Bibliothek Warburg und die Anfänge des Universitätsfaches Kunstgeschichte in Großbritannien. In: Artibus et historiae 10 (1984), S. 133-146.

wurde das Erbe dieses jüdischen Wissenschaftlers nicht geduldet. Warburg selbst mußte die Nazi-Verbrechen nicht mehr erleben; er starb 1929. Doch wurde über ihn und seine Nachfolger in Deutschland übel polemisiert und rasch der Mantel der Vergessenheit gebreitet.[6] Die "Kulturwissenschaftliche Bibliothek Warburg", deren Aufbau eines seiner größten und folgenreichsten Verdienste war, konnte noch rechtzeitig 1933 von Hamburg nach London emigrieren.[7] Auch die Forscher, die eng mit Warburg zusammengearbeitet hatten, waren ins Exil gegangen. Die Warburg-Nachfolge war damit aus Deutschland verschwunden. Aus den Augen, aus dem Sinn, so schien es; denn auch nach 1945 dauerte es noch lange, bis einzelne in Deutschland wieder auf diesen bedeutenden Forscher aufmerksam machten.

Nicht nur daran lag es jedoch, daß Aby M. Warburgs Rolle in der Geschichte der Ikonologie lange Zeit so wenig gewürdigt wurde. Es war auch das übermächtige Bild von Erwin Panofsky als Vater der Ikonologie; ein Bild allerdings, das gewisser Korrekturen bedarf. In der Tat war es Panofsky, der Ikonographie und Ikonologie grundlegend systematisierte und theoretisch fundierte. Zudem lieferte er in seinen kunsthistorischen Arbeiten eine Fülle von Beispielen für ihre erfolgreiche Anwendung. Der alleinige Anspruch auf die Entwicklung der Methode kommt ihm aber nicht zu. Sie wurde schon früher von Aby M. Warburg praktiziert und von dem Holländer Hoogewerff theoretisch erläutert. Und selbst deren Vorgehensweise hatte gewisse Vor-

6 Martin Rasch: Juden und Emigranten machen deutsche Wissenschaft. In: Völkischer Beobachter Nr. 5 vom Jan. 1935, S. 5, und Nr. 23 vom 23. Jan. 1935, S. 6. (Hinweis in der Bibliographie (S. 550) des Bandes: Aby M. Warburg: Ausgewählte Schriften und Würdigungen. Hrsg. von Dieter Wuttke. In Verbindung mit Carl Georg Heise. Zweite, verbesserte und bibliographisch ergänzte Auflage. Baden-Baden 1980. (= Saecvla Spiritalia Bd. 1). Im folgenden zitiert als: Wuttke 1980.) - Der Artikel von M. Rasch ist abgedruckt in: Dieter Wuttke (Hrsg.): Kosmopolis der Wissenschaft. E.R. Curtius und das Warburg Institute. Briefe 1928 bis 1952 und andere Dokumente. Baden-Baden 1989, S. 295-299. (= Saecvla Spiritalia Bd. 20).

7 Vgl. Wuttke 1984 (wie Anm. 5).

läufer, wie Dieter Wuttke im Nachwort seiner Warburg-Auswahlausgabe gezeigt hat. Merkwürdig ist nur, daß Panofsky keinen dieser Vordenker nannte und nicht einmal in einer Anmerkung auf sie hinwies. Daß er ihre wichtigen Schriften kannte, steht außer Zweifel. Panofskys systematische Formulierung der Ikonologie steht in seinen diesbezüglichen Schriften scheinbar voraussetzungslos im Raum.

Konsequenterweise sind es dann Panofskys Ausführungen zu Ikonographie und Ikonologie, die in der Kunstwissenschaft bis heute als methodische Grundlage jeder Forschung zu Darstellungsinhalten der bildenden Kunst gelten. Aus diesem Grund beginne ich bei der Darstellung der Entwicklung der Ikonologie auch bei Panofsky und nicht der chronologischen Reihenfolge gemäß bei Warburg und der kunsthistorischen Diskussion seiner Zeit. Panofskys Modell soll zunächst kurz skizziert werden – auch auf die Gefahr hin, den Leser mit einer Wiederholung zu langweilen, die aber bekanntlich als mater studiorum nicht von Schaden sein kann. Ausgehend von dem durch Panofsky geprägten Verständnis der Begriffe soll dann die geschichtliche Entwicklung unter besonderem Bezug auf Warburg aufgezeigt werden.

Das Augenmerk wird dabei sowohl auf das veränderte Verständnis des *Begriffs* 'Ikonologie' zu richten sein als auch auf die *Anwendung* einer Methode, die erst seit Panofsky mit diesem Begriff fest verknüpft ist, vorher aber unabhängig davon praktiziert wurde.

2. Panofskys Modell

Erwin Panofsky formulierte zum erstenmal in der Einleitung zu seinem Buch "Herkules am Scheidewege", das 1930 erschien, grundsätzliche methodische Überlegungen zur Inhaltsdeutung von Kunstwerken. In weiter ausgearbeiteter Form präsentierte er diese 1931 in einem Vortrag, der ein Jahr später unter dem Titel "Zum Problem der Beschreibung und Inhaltsdeutung von Werken der bildenden Kunst"[8] gedruckt erschien. Im Jahre 1939 stellte er seinem Buch "Studies in Iconology. Humanistic Themes in the Art of the Renaissance" einen Aufsatz mit dem Titel "Iconography and Iconology" als Einleitung voran, der die Ideen seines genannten Vortrages von 1931 wieder aufgriff und diesen in größeren Teilen auch wörtlich übernahm. Diese Einleitung wiederum veröffentlichte Panofsky 1955 als eigenständigen Aufsatz.[9] In den Grundsätzen blieb das Modell in den verschiedenen Fassungen von 1932 bis 1955 – abgesehen von einigen kleineren Veränderungen, die hauptsächlich die Terminologie betreffen – gleich. Ich komme noch darauf zurück.

Zu Panofskys Modell nun einige zusammenfassende Worte: Es geht ihm, wie er es im Titel seines früheren Aufsatzes von 1932 klarer ausgedrückt hat, um eine Systematisierung in der Beschreibung und Deutung des reinen Inhalts, des Gegenstands, von Werken der bildenden Kunst. Dazu entwirft er ein dreiteiliges Schema; demnach gibt es bei der Erfassung des Gegenstandes oder Sujets eines Kunstwerks folgende drei Stufen:

8 In: Logos 21 (1932), S. 103-119. Wiederveröffentlichungen in: E. Panofsky: Aufsätze zu Grundfragen der Kunstwissenschaft. Hrsg. v. H. Oberer und E. Verheyen. Berlin 1964, S. 85-97. (Inzwischen ³1980). Ebenso in Ekkehard Kaemmerling: Ikonographie und Ikonologie. Theorien - Entwicklung - Probleme. Köln 1979, S. 185-206.

9 Iconography and Iconology. In: Meaning in the Visual Arts. Garden City (New York) 1955, S. 26-41. Dt. Übersetzung: Sinn und Deutung in der bildenden Kunst. Köln 1975, S. 36-50 u. 63-67.

Die erste nennt er *primäres* oder *natürliches Sujet.* Man erkennt etwa beim Betrachten eines Bildes in den Konfigurationen von Linien und Farben, die auf eine Leinwand aufgetragen sind, bestimmte Gegenstände, die man aus eigener Erfahrung identifizieren kann. Eine derartige Benennung der Gegenstände ist eine *vorikonographische* Beschreibung.[10]

Die zweite Stufe betrifft das sogenannte *sekundäre* oder *konventionale Sujet*. Besitzt man das nötige Vorwissen etwa durch die Kenntnis literarischer Vorlagen, kann man erkennen, daß eine männliche Gestalt mit einem Messer in der Hand einen heiligen Bartholomäus darstellt oder eine Gruppe von Personen, die in bestimmter Anordnung und Haltung um einen Speisetisch sitzen, das letzte Abendmahl Christi. Dies baut auf die richtige Identifizierung des natürlichen Sujets auf. Der Gegenstand wird als Träger einer sekundären oder konventionalen Bedeutung erkannt; es handelt sich dabei um eine *ikonographische Analyse.*

Die dritte Schicht des Sujets nennt Panofsky schließlich *eigentliche Bedeutung oder Gehalt.* Er schreibt dazu: "Er wird erfaßt, indem man jene zugrundeliegenden Prinzipien ermittelt, die die Grundeinstellung einer Nation, einer Epoche, einer Klasse, einer religiösen oder philosophischen Überzeugung enthüllen, modifiziert durch eine Persönlichkeit und verdichtet in einem einzigen Werk. (...) Die Entdeckung und Interpretation dieser 'symbolischen' Werte (die dem Künstler selber häufig unbekannt sind und die sogar entschieden von dem abweichen können, was er bewußt auszudrücken suchte) sind der Gegenstand dessen, was wir - im Gegensatz zur 'Ikonographie' - 'Ikonologie' nennen können."[11] Die Wahl des Begriffs 'Ikonologie' für diese höchste Interpretationsstufe begründet er so: "Eben wegen dieser strengen Einschränkungen, die der allgemeine Sprachgebrauch, zumal in

10 Panofsky unterteilt diese vorikonographische Stufe noch in die Beschreibung der *tatsachenhaften* und *ausdruckshaften* Eigenschaften des Sujets.

11 Panofsky 1955, nach der Übersetzung von 1975 (wie Anm. 9) S. 40 f.

diesem Land (den Vereinigten Staaten), dem Terminus 'Ikonographie' auferlegt, schlage ich vor, das gute alte Wort 'Ikonologie' überall dort wieder aufleben zu lassen, wo Ikonographie aus ihrer Isolierung geholt und mit anderen Methoden - der historischen, der psychologischen, der kritischen, welcher auch immer - vereinigt wird, Methoden, die wir versuchsweise anwenden, um das Rätsel der Sphinx zu lösen. Denn wie das Suffix 'graphie' etwas Deskiptives bezeichnet, so benennt das Suffix 'logie' - abgeleitet von *logos*, das 'Denken' oder 'Vernunft' bedeutet - etwas Interpretatorisches. (...) Daher verstehe ich Ikonologie als eine ins Interpretatorische gewandte Ikonographie, die damit zum integralen Bestandteil der Kunstwissenschaft wird, statt auf die Rolle eines vorbereitenden statistischen Überblicks beschränkt zu sein. (...) Ikonologie ist mithin eine Interpretationsmethode, die aus der Synthese, nicht aus der Analyse hervorgeht."[12]

Ikono*graphie* meint nach Panofsky etwas Deskriptives, Analytisches; Ikono*logie* geht dagegen synthetisch vor. Ikono*graphie* sammelt und klassifiziert das Material, erforscht aber nicht dessen Entstehung, Wandel und Bedeutung. Dieses zu untersuchen, ebenso wie den Einfluß theologischer, philosophischer und politischer Ideen, die Absichten und Neigungen der Mäzene etc., ist die Aufgabe der Ikono*logie*.

Für jede der drei Stufen benennt Panofsky Ausrüstungen, über die der Interpret verfügen muß, sowie Korrektivprinzipien, mit denen in allen drei Fällen bestimmte historische Kenntnisse gemeint sind. Für die vorikonographische Beschreibung ist die Ausrüstung nur praktische Erfahrung, d.h. Vertrautheit mit Gegenständen und Ereignissen. Da nicht immer die an der Gegenwart geschulte praktische Erfahrung des Interpreten genügt, bedarf es hier der Einsicht, in welcher Weise tatsachenhafte Sujets unter verschiedenen historischen Umständen dargestellt wurden, also der Stilgeschichte. Als Ausrüstung für die Bestim-

12 Panofsky 1955, nach der Übersetzung von 1975 (wie Anm. 9) S. 42.

mung des *sekundären* Sujets, für die ikonographische Analyse, nennt Panofsky die Kenntnis literarischer Vorlagen, also die Vertrautheit mit Themen und Vorstellungen. Ohne die Kenntnis der entsprechenden Bibelstelle vermittelt z.B. das letzte Abendmahl nur die Vorstellung einer sich seltsam benehmenden Tischgesellschaft. Als Korrektiv ist die sogenannte *Typen-Geschichte* nötig, d.h. die Kenntnis, wie unter verschiedenen historischen Bedingungen die Themen und Vorstellungen mit Gegenständen und Ereignissen verknüpft wurden.

Das Handwerkszeug für die ikonologische Interpretation bezeichnet Panofsky mit dem Begriff der "synthetischen Intuition", was er mit einer "Vertrautheit mit wesentlichen Tendenzen des menschlichen Geistes"[13] umschreibt. Da aber dieses, wie jedes von der Intuition abhängige Verfahren, subjektiv gefärbt, also von der persönlichen Psychologie und Weltanschauung des Interpreten beeinflußt ist, bedarf es hier besonders dringend eines Korrektivs. Das hat die sogenannte "Geschichte kultureller Symptome" zu leisten; laut Panofsky ist dies die "Einsicht in die Art und Weise, wie unter wechselnden historischen Bedingungen wesentliche Tendenzen des menschlichen Geistes durch Themen und Vorstellungen ausgedrückt wurden". Panofsky faßt seine Formulierungen dazu folgendermaßen zusammen: "Der Kunsthistoriker wird dasjenige, was seiner Meinung nach die eigentliche Bedeutung des Werkes oder der Werkgruppe ist, der er sein Augenmerk widmet, an dem zu messen haben, was seiner Meinung nach die eigentliche Bedeutung so vieler anderer, historisch auf jenes Werk oder jene Werkgruppe bezogener kultureller Dokumente ist, wie er nur bewältigen kann: von Dokumenten, die Zeugnis ablegen über die politischen, poetischen, religiösen, philosophischen und gesellschaftlichen Tendenzen der Person, der Epoche oder des Landes, die zur Debatte stehen. (...) Gerade bei der Suche nach der eigentlichen Bedeutung oder dem Gehalt treffen sich die verschiedenen geisteswissenschaftlichen Disziplinen auf einer

13 Panofsky 1955, nach der Übersetzung von 1975 (s. Anm. 9), S. 48.

gemeinsamen Ebene, statt sich gegenseitig als Handlanger zu dienen." [14]

Zur ikonologischen Interpretation müssen möglichst viele Dokumente verschiedenster anderer, außerkünstlerischer Gebiete herangezogen werden. Ikonologie setzt also interdisziplinäre Arbeit voraus; sie ist eigentlich keine neue Methode, sondern beeinhaltet die Forderung nach einer umfassenden Synthese verschiedener Methoden und Fachgebiete.

Soweit das Modell Panofskys; wobei noch zu bemerken ist, daß er an den Schluß seines Aufsatzes den Hinweis stellt, in der praktischen Arbeit müßten die hier so säuberlich geschiedenen Stufen zu einem unteilbaren Prozeß verschmelzen.

Sehr aufschlußreich ist ein Blick auf die Terminologie Panofskys.[15] Die verschiedenen Fassungen seines Modells, die zwischen 1930 und 1955 erschienen, blieben inhaltlich in ihren Grundsätzen unverändert, jedoch spielt das Wort 'Ikonologie' jedesmal eine andere Rolle. In den Fassungen von 1930 und 1932 kommt 'Ikonologie' gar nicht vor. In der von 1939 erscheint der Begriff merkwürdigerweise nur im Titel, ohne daß er im Text erwähnt oder erklärt wird! Der neugierige Leser erfährt nicht, weshalb Panofsky sein Buch gerade "Studies in Iconology" nennt und auch der einleitende Aufsatz das Wort 'Iconology' im Titel hat. Das geschieht erst in der Fassung von 1955, indem Panofsky bei fast unverändertem Text einfach einen Begriff austauscht und so die 'Ikonologie' als Bezeichnung für die höchste seiner drei Interpretationsstufen einführt. Hatte er diese Stufe noch 1939 'ikonographische Analyse in einem tieferen Sinn' genannt, belegte er sie nun mit dem Begriff 'ikonologische Interpretation'. So hatte

14 Panofsky 1955, nach der Übersetzung von 1975 (s. Anm. 9), S. 48 f.

15 Die Terminologie Panofskys listet Kaemmerling 1979 (wie Anm. 8) auf, allerdings ohne die Verwendung des Begriffs 'Ikonologie' zu untersuchen. Zu dieser Frage s. Wuttke 1980 (wie Anm. 6), S. 626.

das Wort, das vorher scheinbar unmotiviert den Titel seines Aufsatzes zierte, nun endlich auch Eingang in die Begrifflichkeit seines Systems gefunden.

Wie Panofsky schließlich auf die Idee kam, den Begriff 'Ikonologie' für sein Modell zu verwenden, verschweigt er allerdings. Er verliert kein Wort über die Quellen seiner Terminologie, ebensowenig über frühere Formulierungen oder Anwendungen einer vergleichbaren Methode. Solche gab es allerdings, und es ist auch sicher, daß Panofsky sie kannte. Um so mehr verwundert es, daß sie bei ihm keine Erwähnung finden. Er spricht nur von dem "guten alten Wort Ikonologie", das er wieder benutzen will, "wo die Ikonographie aus ihrer Isolierung geholt" wird.[16]

3. Geschichte des Begriffes 'Ikonologie'

Da ist zunächst Aby M. Warburg, der schon lange vorher Forschungen in einer Richtung betrieben hatte, die mit der von Panofsky formulierten ikonologischen Methode viel gemeinsam hat. Auch hatte er in diesem Zusammenhang schon den Begriff 'Ikonologie' verwendet, allerdings in einer ganz eigenen Art und Weise, auf die ich noch zu sprechen kommen werde. Warburgs Arbeitsweise wurde dann Ende der 20er Jahre von dem Kunsthistoriker Hoogewerff aufgegriffen und in ein System gebracht, das er mit den Begriffen 'Ikonographie' und 'Ikonologie' versah – eben *so*, wie es wenige Jahre später Panofsky ohne Verweis auf diese Vorbilder übernahm.

Die Erläuterung der Geschichte der Begriffe und der Methode soll bei der kunsthistorischen Diskussion um die Ikonographie zur Zeit Warburgs beginnen. Vorher jedoch noch einige Worte zur Begriffsgeschichte bis zu diesem Zeitpunkt.[17]

16 Panofsky 1955, nach der Übersetzung von 1975 (wie Anm. 9), S. 42.

17 Eine kurze Zusammenfassung in dem Artikel von Jan

Die Begriffe 'Ikonographie' und 'Ikonologie' sind schon seit dem 16. Jahrhundert in Beschreibungs- und Sammelwerken von bestimmten Bildern und Darstellungsmustern gebräuchlich. Allerdings besteht zwischen den ursprünglichen Bedeutungen dieser Begriffe und ihrem Gebrauch in der Kunstwissenschaft seit dem späten 19. Jahrhundert nur ein beschränkter Zusammenhang. - Zunächst meinte 'Iconographia' Beschreibungen und Sammlungen vornehmlich antiker Porträts. Solche Werke entstanden zuerst im Zusammenhang mit den frühen archäologischen Bestrebungen im 16. Jahrhundert. Ein Beispiel ist etwa das Buch "Illustrium imagines ex antiquis marmoribus" von Fulvio Ursini aus den Jahren 1569/70. Von den Bildnis-Sammlungen des 17. Jahrhunderts sei Caninis "Iconographia" von 1669 herausgegriffen. In der klassischen Archäologie war der Begriff der 'Iconographia' für Sammelwerke antiker Porträtbüsten, Porträtmünzen und -medaillons noch bis ins frühe 20. Jahrhundert gang und gäbe. Als Beispiele sind hier die Arbeiten des Archäologen J. J. Bernoulli zu nennen, die zu ihrer Zeit Standardwerke zur antiken Porträtkunst waren. Sein 1882 und in den folgenden Jahren erschienenes Werk trägt den Titel "Römische Ikonographie"; "Griechische Ikonographie" heißt seine 1901 veröffentlichte Arbeit.

Im 16. Jahrhundert begegnet auch der Begriff 'Iconologia'. Er bezeichnete damals kompendiumartig aufgebaute Sammlungen von Darstellungsmustern der bildenden Kunst; im heutigen, d.h. Panofskyschen Begriffsverständnis also von ikono*graphischen* Mustern. Enthalten sind meist diverse Allegorien, Verzeichnisse von Attributen und Ähnliches. Das bekannteste dieser Werke ist wohl Cesare Ripas "Iconologia", das 1593 in Rom in erster Auflage erschien und eine enorme Verbreitung fand. Solche "Iconologiae" waren bis ins 18. Jahrhundert gebräuchlich. Noch 1756 kam in Frankreich ein "Dictionnaire iconologique" von Lacombe de Prezel heraus. Dieses Buch enthält übrigens als Titelbild eine weibliche Personifikation der Iconologia, die unter Anleitung

Bialostocki: Iconography and Iconology. In: Encyclopedia of World Art. Bd. 7. New York 1963, Sp. 769-785.

eines Genius eine Allegorie zeichnet. Das Bild veranschaulicht die Tatsache, daß bis zu dieser Zeit unter 'Ikonologie' die Zusammenstellung von gebräuchlichen oder auch die Erfindung von neuen Allegorien und anderen zeichenhaften Darstellungsmustern verstanden wurde. Sie sollte vornehmlich dem Gebrauch des Auftraggebers oder Künstlers bei der regelgerechten Gestaltung von Bildprogrammen dienen. Wohlgemerkt, von ikono*graphischen* Programmen im heutigen Begriffsverständnis.

Zu Warburgs Zeit wurde, wie erwähnt, der Begriff 'Ikonographie' noch im Zusammenhang mit der Porträtkunde verwendet. Jedoch war schon in der ersten Hälfte des 19. Jahrhunderts neben diese Bedeutung eine andere getreten. So hatten etwa 1843 der Franzose Adolphe Napoléon Didron seine "Iconographie chretienne" und 1848 sein Landsmann Augustin Crosnier ein Werk gleichen Titels veröffentlicht. Beide Arbeiten beschäftigen sich mit den Themen und Inhalten der christlichen Kunst, wobei Sammlung und Klassifizierung von bildlichen Darstellungen christlichen Inhalts sowie die Angabe der literarischen Quellen im Mittelpunkt dieser Arbeiten stehen. Der Terminus 'Ikonographie' erscheint hier schon im heutigen Sinne und nicht mehr allein auf Porträts beschränkt. Frankreich blieb im weiteren Verlauf des 19. Jahrhunderts das Zentrum der ikonographischen Forschung im neuen Verständnis. Doch auch in Deutschland wurde in dieser Richtung gearbeitet. Zu den ersten Veröffentlichungen zählen hier Joseph von Radowitz' "Ikonographie der Heiligen" aus dem Jahre 1834 oder G. Helmsdörfers "Christliche Kunstsymbolik und Ikonographie" von 1839. Weitere wichtige Werke waren Anton Springers "Ikonographische Studien" (Wien 1860), Heinrich Detzels "Christliche Ikonographie" (1894 ff.) und die ikonographischen Studien von Franz Xaver Kraus. Zu beachten bleibt bei all diesen in Deutschland und Frankreich entstandenen ikonographischen Arbeiten, daß sie bei der Untersuchung von Inhalten und literarischen Quellen von Bildwerken ausschließlich auf christliche Themen beschränkt blieben.

4. Die Diskussion um 'Ikonographie' und 'Ikonologie' zu Warburgs Zeit

In den letzten Jahren des 19. Jahrhunderts, als Warburg sein Studium der Kunstgeschichte abgeschlossen hatte, rückten grundsätzliche Überlegungen zur Ikonographie wieder verstärkt in den Mittelpunkt der kunsthistorischen Fachdiskussion.[18] Dabei sind zunächst Anstrengungen zur Gründung einer "Internationalen Gesellschaft für ikonographische Studien" zu nennen.[19] Die Gründungsphase des Projekts wurde von einer neuen Diskussion um das Thema "Ikonographie" begleitet. Diese spielte sich hauptsächlich auf den Internationalen Kunsthistorischen Kongressen ab.[20] Beim Kongreß von 1898 wurde ein Manuskript des französischen Kunsthistorikers Eugène Müntz über "Die Notwendigkeit ikonographischer Forschungen" verlesen. Der Wortlaut der Rede ist nicht überliefert bzw. bislang noch nicht wieder aufgefunden. Sehr wichtig ist aber die Notiz des Kongreßberichtes, daß es um profangeschichtliche Themen ging. Wie oben erwähnt, waren ja bis dahin ikonographische Arbeiten hauptsächlich auf christliche Gegenstände fixiert. Dieser Vortrag war der Auftakt einer Reihe von Bemühungen, deren nächster bedeutender Schritt die Forderung August Schmarsows nach Einsetzung einer sogenannten "Kommission zur Förderung ikonographischer Studien auf dem

18 Vgl. zur Begriffsgeschichte von Ikonographie und Ikonologie allgemein Bialostocki 1963 (wie Anm. 17). – Wuttke 1980 (wie Anm. 6), S. 625 - 638 (ausführliches Nachwort u.a. zur Begriffsgeschichte bei Warburg und Panofsky.) – William S. Heckscher: The Genesis of Iconology. In: Stil und Überlieferung in der Kunst des Abendlandes. Berlin 1967, S. 239-262. (= Akten des 21. Internationalen Kongresses für Kunstgeschichte in Bonn 1964. Bd. 3.) Nachdruck in: William S. Heckscher: Art and Literature. Studies in Relationship. Ed. by Egon Verheyen. Baden-Baden 1985 (= Saecvla Spiritalia Bd. 17). Dt. Übersetzung bei Kaemmerling 1979 (wie Anm. 8), S. 112-164. – Eine etwas dürftige Begriffsgeschichte im Anhang von Kaemmerling 1979, S. 489-501.

19 Vgl. den Anhang von Dieter Wuttke im vorliegenden Heft.

20 Vgl. das Nachwort von Wuttke 1980 (wie Anm. 6), S. 626-630, und den Anhang von Dieter Wuttke im vorliegenden Heft.

Gebiete der Kunstwissenschaft" war, die er auf dem Kongreß des Jahres 1900 in Lübeck verkündete. Sein Vorschlag wurde vom Kongreß einstimmig angenommen und eine Kommission aus einer Reihe von namhaften Kunsthistorikern verschiedener Nationen gebildet.[21]

Den ersten Bericht der so ins Leben gerufenen "Internationalen Gesellschaft für Ikonographische Studien" erstattete der Franzose Conrad de Mandach in Vertretung des Vorsitzenden Eugène Müntz auf dem Kongreß von 1902 in Innsbruck. Der Bericht enthielt das Programm der Gesellschaft. Für das Verständnis der Begriffe Ikonographie und Ikonologie ist dies ein äußerst aufschlußreiches Dokument:

"Die Internationale Gesellschaft für Ikonographische Studien stellt sich die Aufgabe, für alle zur Pflege des Gesamtgebietes der Ikonographie im Sinne der Kunstwissenschaft geeignete Massnahmen Sorge zu tragen. Ihr Hauptabsehen ist auf das Studium der Darstellungsgegenstände und Vorstellungsinhalte aller Werke der bildenden Kunst gerichtet. (...) Verständigen wir uns vorab über den Sinn, der dem Worte 'Ikonographie' beizulegen ist. Nach der letzten Ausgabe des Dictionaire de l'Academie française 1879 bedeutet der Ausdruck folgendes: Beschreibung der Bildwerke, Gemälde usw. Er bezieht sich vorzugsweise auf die antiken Denkmäler wie die Büsten, die Reliefs, die Malereien. Er bezeichnet insbesondere auch die Sammlung von Bildnissen berühmter Männer aus dem klassischen Altertum wie z.B. Viscontis Iconographia. Darnach ist in erster Linie festzustellen, dass das Wort Ikonographie tatsächlich einen doppelten Sinn hat. Es kann einerseits und zwar im engeren Sinne, auf das Studium der Porträte allein bezogen werden; andererseits, und zwar im weiteren Sinne, die Untersuchung der verschiedenen von der bildenden Kunst verarbeiteten Themata. Der Ausdruck 'Ikonologie' für diese letztere hätte dazu dienen können, die Zweideutig-

21 Eugène Müntz, Franz Xaver Kraus (Freiburg), J. J. Tikkanen (Helsingfors), Julius von Schlosser (Wien), Conrad de Mandach (Paris).

keit von vornherein fernzuhalten: Neuerungen zu versuchen, ist immer gefährlich; deshalb verzichten wir darauf, diesen Namen jetzt noch einzuführen. Da obige Erklärungen ohnehin kein Missverständnis mehr zulassen, soll die herkömmliche Bezeichnung Ikonographie beibehalten werden, indem wir vornehmlich die Erforschung der Darstellungsgegenstände und Vorstellungsinhalte in allen Werken der bildenden Kunst darunter verstehen." [22]

Schon damals gab es offensichtlich eine Begriffsverwirrung in bezug auf die Ikonographie, die der Vorsitzende Eugène Müntz durch eine neue Festlegung der Begriffsverwendung gerne behoben hätte. Für die Erforschung der Themen und Darstellungsinhalte von Bildern schlug Müntz den Begriff 'Ikono*logie*' als Ersatz für 'Ikono*graphie*' vor, um das Gebiet von der Porträtkunde, die damals noch mit dem gleichen Begriff belegt war, eindeutig zu scheiden. Diese Festlegung ließ Müntz dann aber fallen, weil er keine Neuerung in der Terminologie wagen wollte. Weiterhin hieß die Beschäftigung mit Bildinhalten also 'Ikono*graphie*', und weiterhin blieb das Wort 'Ikono*logie*' ohne neue Bedeutung in der kunsthistorischen Diskussion.

Im übrigen scheiterten die Bemühungen um eine internationale ikonographische Gesellschaft letztendlich. Auf dem Kongreß von 1909 in München wurde erklärt, daß das Projekt sich wegen seiner Uferlosigkeit als unmöglich erwiesen habe.[23] Man zog nur noch in Erwägung, in kleinerem, national beschränktem Rahmen Materialsammlungen anzulegen. Doch selbst dieser bescheidenere Versuch fand 1912 sein Ende.

22 Erstmals auszugsweise abgedruckt bei Wuttke 1980 (wie Anm. 6), S. 627 f.; der Bericht ist im Anhang dieses Heftes von Dieter Wuttke vollständig veröffentlicht.

23 Vgl. den Anhang von Dieter Wuttke im vorliegenden Heft.

5. Warburgs Verwendung der Begriffe

An allen erwähnten Kongressen hat auch Aby M. Warburg teilgenommen. Allerdings hat er kein einziges Mal in die Diskussion eingegriffen. Warburg war von 1906 bis 1912 Mitglied des Vorstandes der Internationalen Kunsthistorischen Kongresse; er war also mit der Entwicklung eng vertraut und hätte auf jeden Fall die Möglichkeit gehabt, sich an der Gründung der ikonographischen Gesellschaft zu beteiligen. Daß er dies nicht tat, verwundert um so mehr, als Warburg sich intensiv mit ikonographischen Problemen befaßte und seine damals schon beträchtliche Bibliothek zum großen Teil auf Fragen dieses Gebietes abgestellt war. Warburg verzichtete also auf eine öffentliche institutionelle Auseinandersetzung mit diesem Gebiet. Vielleicht hielt er sich von den offiziellen Bemühungen um die Ikonographische Gesellschaft fern, weil er dem allzu gigantischen Plan des Unternehmens kritisch gegenüberstand. Er selbst arbeitete währenddessen schon an einer Weiterführung ikonographischer Fragen über die Fachgrenzen der traditionellen Kunstgeschichte hinweg, um das Ergebnis seiner Arbeit 1912 auf dem Kunsthistorikerkongreß in Rom bei seinem Referat über die Fresken des Palazzo Schifanoja zu Ferrara vorzustellen.

Wie stand nun Warburg zu dem Begriff 'Ikonographie' und der von Eugène Müntz neu ins Gespräch gebrachten 'Ikonologie'? Die Auswertung des Inventars von Warburgs persönlichen Notizkästen durch Dieter Wuttke ergab 3mal den Begriff 'Ikono*graphie*' und 24mal 'Ikono*logie*' als Überschrift. Bei den anderen schriftlichen Belegen lautet das Ergebnis 4 für 'Ikonographie' zu 19 für 'Ikonologie'.[24] Die 'Ikonologie' hat zahlenmäßig eindeutig das Übergewicht. Kein anderer Forscher hat damals den Begriff 'Ikonologie' so häufig benutzt. Und noch etwas ergibt die Untersuchung der Belegstellen: Erstens tritt bei den datierten Dokumenten der Terminus 'Ikonographie' nur bis zum Jahr 1908 auf; danach erscheint ausschließlich 'Ikonologie'. Zweitens sind die

24 Wuttke 1980 (wie Anm. 6), S. 630.

beiden Begriffe von ihrer Bedeutung her stets miteinander austauschbar. Es ist nicht so, daß etwa 'Ikonographie' der Analyse, 'Ikonologie' der Synthese näherstünde, wie es dem Panofskyschen Verständnis entspräche. 'Ikonographie' kann das eine Mal das übliche deskriptive und analytische Verfahren bezeichnen, das andere Mal dagegen ein darüber hinausgehendes und eine umfassende Synthese anstrebendes Vorgehen; genauso ist es mit der Verwendung des Begriffs 'Ikonologie'. – Einige Beispiele mögen diesen Sachverhalt illustrieren:

1. 1902 setzt er zum Titel seines Referates "Wappen, Stammbäume und Inventare als methodische Hilfsmittel der Kunstgeschichte" die Worte hinzu: "im Dienste der kulturgeschichtlichen Ikonographie". Hier ist 'Ikonographie' im Sinne der von Warburg angestrebten "künstlerischen Kulturgeschichte" gemeint, im heutigen Verständnis also ein ikonologisches Vorgehen.

2. In seinem Referat von 1912 über die Fresken im Palazzo Schifanoja gebraucht er dagegen den Begriff 'Ikonologie' mehrfach im Verständnis einer solchen Synthese, einer umfassenden Interpretationsmethode.

3. Mit 'Ikonologie' bezeichnet Warburg aber 1926 bei seinem Seminar an der Hamburger Universität die Bestimmung der Bildprogramme von Cassone-Malereien, demnach ein analytisches und im heutigen (d.h. Panofskyschen) Sinne ikonographisches Verfahren.[25]

Es zeigt sich also, daß Warburg beide Begriffe verwendete, ohne daß damit eine Unterscheidung verschiedener Methoden gemeint

25 Vgl. die Zusammenstellung von Belegen bei Wuttke 1980 (wie Anm. 6), S. 630-633.

war; zum Teil erscheinen sie nur in der allgemeinsten Bedeutung von 'Bildkunde'. Ab einem bestimmten Zeitpunkt aber benutzte er ausschließlich das Wort 'Ikono*logie*', das nun auch 'Ikono*graphie*' vollständig ersetzte. Es ist also richtig, was Hoogewerff 1928 feststellte (s.u.): Warburg ist als der eigentliche Propagator des Begriffes 'Ikonologie' in der Kunstgeschichte anzusehen. Warburgs Einführung des Terminus 'Ikonologie' in seinem persönlichen Gebrauch stand eventuell im Zusammenhang mit dem von Eugène Müntz schon 1902 gemachten Vorschlag, zugunsten einer geringeren Mißverständlichkeit den Begriff 'Ikonographie' generell durch 'Ikonologie' zu ersetzen. Wenn diese Idee auch offiziell fallengelassen wurde, hat Warburg vielleicht für sich selbst ihren Nutzen erkannt und fortan praktiziert. Dabei ist auch zu bedenken, daß schon Müntz in seinem Programm von 1902 durchaus mehr im Sinn hatte, als nur Darstellungsinhalte zu beschreiben und zu klassifizieren. Er wollte von vornherein auch nach den mit den Darstellungen verbundenen Vorstellungen fragen, also Interpretationsarbeit im Rahmen von allgemeiner Kulturgeschichte leisten. Damit kamen seine Ziele denen sehr nahe, die Warburg in dieser und der folgenden Zeit anstrebte.

6. Warburgs Anwendung der Ikonologie[26]

Das Verwirrende ist also, daß Warburg für sich einen neuen Begriff eingeführt und gleichzeitig eine neue Methode praktiziert hat, die seit der Rezeption beider Neuerungen durch Hoogewerff und Panofsky miteinander verknüpft sind, bei Warburg selbst aber noch unabhängig voneinander existierten. – Nach der Begriffsgeschichte nun zu den von Warburg praktizierten methodischen Neuerungen:

Schon bei seinem Referat auf dem Internationalen Kunsthistorikertag in Innsbruck 1902 mit dem Titel "Wappen, Stammbäume und Inventare als methodische Hilfsmittel der Kunstgeschichte" sprach er von einer "kulturgeschichtlichen Ikonographie". Zugleich machte er den Vorschlag, die Ikonographie durch die Benutzung aller erreichbaren geschichtlichen Quellen um eine neue Dimension zu erweitern – eine Forderung, die sich später bei Panofskys Formulierung der Ikonolgie sehr ähnlich wiederfindet. In praktischer Anwendung zeigte Warburg die ganze Leistungsfähigkeit der Methode, an der er laborierte, bei seinem Vortrag über die Fresken im Palazzo Schifanoja auf dem Internationalen Kunsthistoriker-Kongreß von 1912 in Rom.[27]

Warburg lieferte dort eine Deutung dieses rätselhaften astrologischen Bilderzyklus, indem er die lange Überlieferungskette

26 'Ikonologie' hier im Panofskyschen Sinn verstanden, da diese Methode paradoxerweise erst seit Panofsky so bezeichnet werden kann.

27 Veröffentlicht zehn Jahre später als: A. Warburg: Italienische Kunst und internationale Astrologie im Palazzo Schifanoja zu Ferrara. In: Atti del X congresso internazionale di storia dell'arte in Roma. L'Italia e l'arte straniera. Roma 1922, S. 179-193. Nachdruck bei Wuttke 1980 (wie Anm. 6), S. 173-198. – William S. Heckscher (1967, s. Anm. 18) bezeichnet den Vortrag Warburgs als Geburtsstunde der Ikonologie. Er bringt dessen Neuerungen in Verbindung mit anderen Erscheinungen der damaligen Zeit, etwa dem Durchbruch der Collage in der bildenden Kunst. Inwiefern diese These sinnvoll ist, ist hier nicht zu diskutieren.

der zugrundeliegenden astrologischen Vorstellungen rekonstruierte. Mit der üblichen mittelalterlichen Tradition war das Bildprogramm nicht übereinzubringen; Warburg aber gelang es, dessen gedanklichen Grundriß bis in die Antike zurückzuverfolgen. Er rekonstruierte in verschiedenen Stationen den Weg der Überlieferung, den die antiken Vorstellungen bis ins italienische Quattrocento genommen hatten.

Es handelt sich um einen Zyklus von Francesco Cossa und anderen Malern. Er besteht aus ursprünglich zwölf Bildern, die jeweils in drei Zonen eingeteilt sind.[28] Im obersten Feld sind antike Götter im Triumphzug zu sehen, im untersten typische Arbeitsszenen des Monats und Darstellungen aus dem Leben am Hof des Herzogs d'Este, eine Art Hofkalender. Die mittlere Zone zeigt die Tierkreiszeichen neben je drei bis dahin unidentifizierten Gestalten. Warburg wies nun nach, daß die Götterszenen oben zwar den mittelalterlichen Überlieferungen literarischer Götterbeschreibungen folgen, in ihrer Auswahl aber wesentlich davon abweichen. Schon ihre Zahl bekundet, daß es sich nicht um die sieben Planetengötter der mittelalterlichen Tradition handelt; vielmehr sind die zwölf Bilder mit je einem (ein Feld sogar mit zwei) der olympischen Götter ausgestattet. Es steckt die antike Idee von der Regentschaft der Götter über die Tierkreiszeichen dahinter, die bei dem antiken Autor Manilius ausgeführt, in der Überlieferung des Mittelalters aber offenbar verlorengegangen ist. Manilius war 1416 von Humanisten wiederentdeckt worden. Die Reihenfolge der Planetengottheiten, die in der Literatur nur bei Manilius zu finden ist, stimmt genau mit der in den Schifanoja-Fresken überein. Damit hatte Warburg die Quelle für den gedanklichen Grundriß des Zyklus entdeckt. Doch Warburg fragte weiter nach der Quelle, die der Ausmalung der Götterszenen im einzelnen zugrundelag. Er fand sie bei dem englischen Mönch Albericus, der im 12. Jahrhundert eine Mythologie mit Bildbeschreibungen der heidnischen Götter verfaßt hatte. Warburgs weitere Fragen gingen von den drei unidentifizier-

28 Abbildung bei Wuttke 1980 (wie Anm. 6), S. 190.

baren Gestalten aus, welche die Tierkreiszeichen begleiten. Hierzu untersuchte er weitere Werke astrologischer Literatur der Antike und des Mittelalters. In der "Sphaera barbarica" des kleinasiatischen Schriftstellers Teukros, die erst kurz vorher der von Warburg sehr geschätzte Franz Boll veröffentlicht hatte, fand er die Einteilung der Tierkreiszeichen in Dekane, also Monatsdrittel. Die Identifizierung der drei Gestalten in den mittleren Feldern der Schifanoja-Fresken war damit prinzipiell auch geklärt. Warburg fragte aber noch weiter nach der Überlieferung dieser Lehre von den Dekanen. Er erkannte als eine Station ein Traktat des im 9. Jahrhundert wirkenden Arabers Abu Maschar, dem dafür wiederum eine indische Überlieferung zugrundelag.[29] In der Reihe der indischen Dekane fand Warburg die erste Figur der Mittelzone im Freskenzyklus wieder: einen dunkelhäutigen, zornigen Mann, mit einem Seil gegürtet. Eine übereinstimmende Beschreibung dieser Figur lieferte Abu Maschar. Die Verbindung von Abu Maschar nach Italien schließlich wird durch eine lateinische Übersetzung durch den Paduaner Gelehrten Pietro d'Abano hergestellt. Warburg versäumte nicht, auch noch nach dem Autor des Freskenprogrammes zu fragen, der diese ganze Überlieferung schließlich verarbeitete. Ihn fand er in dem Hofbibliothekar des Herzogs, der sich nämlich in einer seiner Schriften ausdrücklich auf die drei Gelehrten Manilius, Abu Maschar und Pietro d'Abano beruft.

Damit hatte Warburg die Merkwürdigkeiten des Freskenprogrammes durch einen Apparat literarischer Quellen und die Analyse ihrer Beziehungen untereinander entschlüsselt. Doch es ging ihm nicht um die bloße Erstellung eines Quellenstemmas, sondern um die von den literarischen Texten transportierten Vorstellungen, die der Autor des Freskenprogrammes in die Bilder aufnahm und mit denen er die übliche mittelalterliche Tradition ersetzte. Sein Interesse war ein kulturhistorisches; es ging ihm vor allem um den Auseinandersetzungsprozeß des Mittelalters und der

29 Vgl. Roland Kany: Die religionsgeschichtliche Forschung an der Kulturwissenschaftlichen Bibliothek Warburg. Bamberg 1989, S. 22-24, 26. (= GRATIA Heft 19.)

Renaissance mit den nachlebenden Vorstellungen von den antiken Kulturen. Dabei war es Warburg wichtig, den gesamten Überlieferungsprozeß dieser Vorstellungen von der Antike bis in die beginnende Renaissance aufzuzeigen, auch mit seinen sonderbaren Umwegen. Es ging nicht primär um die bloße Präsentation einer erstaunlichen Lösung eines bislang ungelösten kunsthistorischen Problems.[30]

Diese methodische Vorgehensweise war das eigentlich Revolutionäre an Warburgs Vortrag. Dies wurde auch von den Zuhörern erkannt.[31] Im Panofskyschen Sinn des Wortes handelte es sich um perfekte Ikonologie. Warburg war sich durchaus bewußt, daß er eine ganz neue Erweiterung der methodischen Grenzen kunstgeschichtlicher Forschung gewagt hatte.

Er schickte seinem Vortrag einen Aufruf hinterher, in dem als Hauptanliegen des Vortrages nicht das eigentliche Ergebnis, sondern das Plädoyer für seine Methode erklärt wird:
"Kommilitonen! Die Auflösung eines Bilderrätsels (...) war selbstverständlich nicht Selbstzweck meines Vortrages. (...) Ich hoffe, durch die Methode meines Erklärungsversuches der Fresken im Palazzo Schifanoja zu Ferrara gezeigt zu haben, dass eine ikonologische Analyse, die sich durch grenzpolitische Befangenheit weder davor abschrecken läßt, Antike, Mittelalter und Neuzeit als zusammenhängende Epoche anzusehen, noch davor, die Werke freiester und angewandtester Kunst als gleichberechtigte Dokumente des Ausdrucks zu befragen, dass die Methode, indem sie sorgfältig sich um die Aufhellung einer einzelnen Dunkelheit bemüht, die grossen allgemeinen Entwicklungsvorgänge in ihrem Zusammenhange beleuchtet. Mir war es weniger zu tun um die glatte Lösung, als um die Heraushebung eines neuen Problems

30 Inzwischen ist Warburgs Deutung der Fresken in einigen Punkten korrigiert worden; was aber nichts an der Wichtigkeit seiner methodischen Neuerungen ändert. Die Richtigstellungen sind bei Kany (wie Anm. 29), S. 24 Anm. 40, verzeichnet.

31 Vgl. die Zeitungsartikel zum Kongreß, zusammengestellt in der Bibliographie bei Wuttke 1980 (wie Anm. 6), S. 531 f.

(...)."[32] Neben der schon genannten Einbeziehung von Quellen der Literatur- und Ideengeschichte lassen sich diesem quasi programmatischen Nachwort weitere zentrale Punkte der von Warburg angestrebten methodischen Erneuerungen erkennen: nämlich **1.** die Untersuchung der Kunst im Auseinandersetzungsprozeß mit dem Nachleben antiker Kultur, **2.** die Vermeidung einer strikten Epochentrennung, vielmehr die Beachtung der Kontinuitäten, **3.** die Erkenntnis, daß allgemeine Entwicklungen in ihrem Zusammenhang nur durch die Untersuchung von Detailproblemen beleuchtet werden können, und **4.**, daß dazu nicht nur die Bilder befragt werden dürfen, die als größte Meisterleistungen der Kunst gelten. – Zum letzten Punkt ist noch zu bemerken, daß Warburg in seinem Vortrag zum Beweis seiner Theorie gerade nicht die Bilder des Meisters Francesco Cossa aus dem Zyklus ausgesucht hatte, sondern die seiner schwächeren Mitarbeiter. Seine Begründung war die, daß die dem Programm zugrundeliegenden Vorstellungen hier klarer sichtbar werden als in den Bildern des Meisters, der durch seine (von Warburg so genannte) eigene "Auseinandersetzungs-Energie" eine geringere Bindung an das Programm verwirklichen konnte. Auch dieses Augenmerk Warburgs für weniger herausragende Kunstprodukte zeichnet ihn unter den Kunsthistorikern seiner Zeit aus, wenn er sich etwa später nicht scheute, auch bemalten Holzschachteln[33] oder Werbeanzeigen als Zeugnissen bildlicher Überlieferung Beachtung zu schenken.

Das Nachwort Warburgs zu seinem Vortrag von 1912 ist zwar ein Aufruf zu einer methodischen Erweiterung der Kunstwissenschaft, zu der er ein Exempel vorlegte; eine systematische und theoretische Darlegung seiner Methode ist es allerdings nicht. Eine solche hat Warburg nie gegeben. Ob er nach dem von William S. Heckscher vorgeschlagenen Motto "Die Diskussion der Methode

32 Nach der Publikation des Vortrages von 1922 (wie Anm. 27), S. 191.

33 Vgl. Anm. 56.

vereitelt ihre Anwendung"[34] gehandelt hat, sei dahingestellt. Daß Warburg durchaus einen öffentlichen Anstoß zur Diskussion der von ihm vorgestellten grenzüberschreitenden Methodenvereinigung geben wollte, beweist sein zitiertes Nachwort. Die Methode, die Warburg in seinem Referat vorführte, ist eine Methodensynthese. Das, was Warburg in seinen Ausführungen als "ikonologische Analyse" bezeichnete, ist dabei nur eine Methode unter anderen, meint aber nicht die Methodensynthese, die erst seit Panofsky unter dieser Bezeichnung geführt wird.

Die letzten Sätze des Nachwortes zum Vortrag sind interessant in bezug auf das Verhältnis von Warburgs (im heutigen Sinn) "ikonologischer" Methode zur rein ästhetischen Betrachtung von Kunstwerken und zur Anerkennung des "Genies". Warburg sprach da nämlich die auf den ersten Blick etwas verwunderlichen Worte: "Das enthusiastische Staunen vor dem unbegreiflichen Ereignis künstlerischer Genialität kann nur an Gefühlsstärke zunehmen, wenn wir erkennen, dass das Genie Gnade ist und zugleich bewusste Auseinandersetzung." [35]

Daß Warburg trotz seiner streng auf historische Verifizierbarkeit bedachten Vorgehensweise eine ästhetische Auseinandersetzung mit Kunst nicht ausgeschlossen hat, wird in seinen Schriften immer wieder deutlich. Erstaunt ist man über diese Worte aber, wenn man in den persönlichen Notizen Warburgs zur Vorbereitung des Vortrages abfällige Bemerkungen wie die folgende findet: "Die bisherigen Deutungsversuche: Snobismus der sentimental phantasierenden Männerbrust". An anderer Stelle zieht Warburg über eine Art der Kunstbetrachtung her, deren Vertreter er als "banale Erholungssucher" und "Gefühlsdusel" bezeichnet.[36] Auch wenn sich dies sicher nur gegen einen unreflektierten emotionalen Umgang mit Kunst zu seiner Zeit richtet, ist es auffallend, daß

34 Nach William S. Heckscher 1967 (wie Anm. 18), S. 262 u. Anm. 55, eine Bemerkung Panofskys.
35 Warburg 1922 (wie Anm. 27), S. 191.
36 Zitiert bei Heckscher 1967 (wie Anm. 18), S. 258.

Warburgs Bekenntnis zum "Staunen" über das Genie an so wichtiger Stelle im dem gleichsam programmatischen Nachwort seines Vortrags steht, direkt neben dem Plädoyer für seine Methode, für eine Überschreitung der traditionellen Fachgrenzen der Kunstgeschichte. Warburg erklärt damit, daß seine "ikonologischen" Untersuchungen, die ganz ohne Würdigung der Künstlerperson oder ästhetische Wertung ausgekommen sind, eben diese Betrachtungsweise nicht ausschließen, sondern sogar fruchtbar für sie sein können. Dies erscheint als eine Rechtfertigung seiner neuen kunsthistorischen Arbeitsweise vor der traditionellen Kunstgeschichte, indem er seine Methode als eine vorstellt, die keinen Umsturz einer ästhetischen und am Künstlerindividuum interessierten Kunstbetrachtung will, sondern auch für diese eine Bereicherung sein kann.

7. Vorläufer der Methode Warburgs

Für die Arbeitsweise, die bei dem Referat von 1912 vorgestellt wurde, gab es schon vor Warburg gewisse Ansätze.[37] Daß Eugène Müntz 1902 bei der Diskussion der "Internationalen Gesellschaft für Ikonographische Studien" gefordert hatte, nicht nur nach Darstellungen, sondern auch nach Vorstellungen zu fragen, also auch eine Art "kulturhistorischer Ikonographie" zu betreiben, wurde erwähnt. Auch schon früher vertraten einzelne Forscher einen ähnlichen Anspruch. Da ist etwa Gottfried Kinkel, der 1876 äußerte: "Wenn man immer bloß meldet, wer gemalt hat und wie gemalt worden ist, so bleibt die Kunstgeschichte einseitig"; es müsse auch "ihr Zusammenhang mit dem Leben, ihr culturhistorischer Hintergrund" untersucht werden.[38] Schon hier also die Forderung nach einer Diskussion der Ikonographie im kulturgeschichtlichen Zusammenhang. Diese Schrift hat Warburg den Studenten seines Hamburger Seminares von 1925/26 zur

37 Siehe die entsprechenden Hinweise im Nachwort von Wuttke 1980 (wie Anm. 6) S. 634-636.

38 Gottfried Kinkel: Mosaik zur Kunstgeschichte. Berlin 1876, S. VII.

Lektüre empfohlen – zusammen übrigens mit Jacob Burckhardts Werken. Auf dessen Ansätze, die Kunst der Renaissance im kulturhistorischen Zusammenhang zu betrachten, hat sich Warburg mehrfach bezogen. – Weiterhin ist eine methodologische Schrift au dem Jahre 1888 von Wolfgang von Oettingen zu nennen, die Warburg nachweislich gelesen hat.[39] Der Verfasser fordert darin, daß der Kunsthistoriker alle Dokumente aufzusuchen habe, die die Entstehung, Bedeutung und Funktion des Werkes betreffen. Er benötige dazu Kenntnis der Literaturgeschichte, Quellenkritik, der Paläographie, Diplomatik etc. Wenn er sich so mit dem Kunstwerk auseinandersetze, werde er "völlig zum Culturhistoriker, dem er ohnehin nahe genug stehe".[40] Grundsätzlich sind diese Forderungen dem schon recht ähnlich, was Warburg in seinem Vortrag von 1902 über "Wappen, Stammbäume und Inventare als methodische Hilfsmittel der Kunstgeschichte" und in seinem Schifanoja-Vortrag von 1912 formulierte. – Soweit die Gedanken einiger älterer Forscher, die Warburg schätzte und die ihn sicher beeinflußt haben, als er selbst auf der Suche nach seinem eigenen methodischen Weg war.

8. Erste systematische Formulierung durch Hoogewerff

Warburg hat, wie bereits erwähnt, nie versucht, seine neue Methode bzw. Methodenvereinigung in systematischer Form theoretisch darzulegen. Ebensowenig hat er einen festen Begriff dafür geprägt. Dies geschah erst 1928 durch den holländischen Kunsthistoriker Hoogewerff, der sich dabei auf Warburg berief. Hoogewerff hielt in jenem Jahr auf dem Internationalen Historiker-Kongreß in Oslo einen Vortrag mit dem Titel "L'Iconographie et son importance pour l'étude systématique de l'art chrétien". Gedruckt wurde er drei Jahre später.[41]

39 Laut Vermerk auf dem Titelblatt seines Exemplares. Wuttke 1980 (wie Anm.6), S. 635.

40 Die Ziele und Wege der neueren Kunstwissenschaft dargestellt von Dr. Wolfgang von Oettingen. Marburg 1888, S. 17.

41 In: Rivista di Archeologia Christiana 8 (1931), S. 53-82. Deutsche

Darin beschreibt Hoogewerff, daß die Möglichkeiten der Ikonographie bei all ihren Verdiensten doch beschränkt seien. Ikonographie sei lediglich beschreibend und analytisch, aber nicht erklärend. Für diese Aufgabe schlägt er den Begriff der 'Ikonologie' vor. In der Ikonologie solle man sich bemühen, den Inhalten der Kunstwerke "auch in ihrer Fiktivität nahe zu kommen und jenen symbolischen, dogmatischen oder mystischen Sinn zu verstehen, der sich in den Darstellungsformen niederschlägt (auch wenn er möglicherweise verborgen ist). (...) Vor allem anderen versucht der Ikonologe vielmehr herauszufinden, welche göttliche oder teuflische Idee diese Produkte des menschlichen Schöpfergeistes ausdrücken. Hier versucht er auch, festzulegen, welches kulturelle Gewicht, oder besser welche gesellschaftliche Bedeutung bestimmter Formen, bestimmter Weisen des Ausdrucks wie der Umsetzung in Bilder einer abgegrenzten Epoche zugewiesen werden können."[42] Dabei müsse, wie Hoogewerff weiter hervorhebt, die Frage nach der künstlerischen Qualität oder Genialität völlig beiseite gelassen werden.

Als Analogie zur Scheidung von 'Ikonographie' und 'Ikonologie' zieht er das Begriffspaar 'Geographie' und 'Geologie' heran. Das Ziel der ersteren sei es, klare Beschreibungen der Erdoberfläche zu liefern; sie sei auf den äußeren Aspekt der Erscheinung der Erde begrenzt. In der Geologie hingegen würden Untersuchungen angestellt über die innere Formation, die Entstehung und Zusammensetzung der Materialien, aus denen die Erde besteht.

Hoogewerff versäumt nicht, darauf hinzuweisen, daß Aby M. Warburg der eigentliche Propagator des Wortes 'Ikonologie' war; er nennt auch Warburgs Vortrag das Ereignis, an dem erstmals die wahre Bedeutung der Ikonologie demonstriert wurde.

Übersetzung bei Kaemmerling 1979 (wie Anm. 8), S. 81-111. Zur Beziehung Warburg - Hoogewerff und der Würdigung von Hoogewerffs Vortrag durch Warburg s. Wuttke, Kosmopolis der Wissenschaft (wie Anm. 6).

42 Hoogewerff, übersetzt von Kaemmerling, (wie Anm. 41), S. 86.

Anschließend gibt Hoogewerff mehrere Beispiele, anhand derer er die Leistungsfähigkeit der ikonologischen Methode zu beweisen sucht.

Für die Geschichte von Begriff und Methode der Ikonologie bleibt festzuhalten: Hoogewerff war der erste, der eine systematische Scheidung verschiedener Stufen in der Inhaltsbeschreibung und -deutung von Kunstwerken geliefert hat. Er hat als erster den Aufbau dieser Methode theoretisch formuliert und zudem den letzten methodischen Schritt explizit mit dem Begriff 'Ikonologie' belegt. Die methodischen Neuerungen, die Warburg seit 1912 praktisch vorgeführt hatte, wurden von Hoogewerff unter Berufung auf ihn in eine systematische Form gebracht.

Das war 1928. Nur wenige Jahre später begann Panofsky sein System auszuarbeiten, indem er das Hoogewerffsche weiterführte.[43] Panofsky vermied aber im Unterschied zu Hoogewerff zunächst den Begriff 'Ikonologie', den er erst 1955 einführte (s.o.), um ihn 1967 in der französischen Ausgabe seiner "Studies in Iconology" wieder in Frage zu stellen.[44]

43 Panofskys Dreierschema geht also nicht nur auf Karl Mannheims Modell der "Weltanschauungsinterpretation" zurück, wie manchmal zu lesen ist (z.B. bei Konrad Eberlein: Inhalt und Gehalt. Die ikonographisch-ikonologische Methode. In: Hans Belting u.a. (Hrsg.): Kunstgeschichte. Eine Einführung. Berlin 1986, S. 164-185. Dort S. 168). In Hoogewerff hatte Panofsky ein direktes Vorbild.

44 Siehe Wuttke 1980 (wie Anm. 6), S. 626.

9. Ausblick

Wie Warburg, Hoogewerff und Panofsky deutlich gemacht haben, ist die Ikonologie auf die Beschäftigung mit den Nachbardisziplinen der Kunstgeschichte angewiesen. Von daher ist die Frage berechtigt, ob umgekehrt in anderen Disziplinen die Ikonologie rezipiert wurde. In jüngerer Zeit sind zwei Arbeiten außerhalb der Kunstgeschichte erschienen, die das Wort 'Ikonologie' im Titel führen. Die eine ist eine literaturwissenschaftliche; sie stammt von George P. Landow und heißt "Images of Crisis – Literary Iconology, 1750 to the Present" (Boston/London 1982). Es geht darin um eine Gruppe literarischer Bilder, die für Krisensituationen stehen: um Schiffbruch, Schiffswracks, Robinson-Crusoe-Situationen, Sturmflut und Ähnliches. Der Begriff 'Ikonologie', der den Titel ziert, hat allerdings mit der Tradition Warburgs, Hoogewerffs und Panofskys nichts zu tun. Der Autor des Buches erwähnt sie mit keinem Wort. 'Ikonologie' wird hier in einer völlig eigenständigen Bedeutung verwendet, die höchstens mit der allgemeinen Übersetzung des Terminus als "Bildkunde" zu erklären ist. – Ähnlich verhält es sich mit einer anderen Publikation, die den Begriff 'Ikonologie' im Titel führt: das 1986 in Chicago erschienene Werk von W.J.T. Mitchell: "Iconology", mit dem Untertitel "Image, Text, Ideology". Es geht dem Autor laut Vorwort um eine Bilderrhetorik, wobei er Bilder nicht als Kunstwerke oder andere visuelle Zeichensysteme versteht, sondern als "images" in einem sehr abstrakten Sinn, womit verbale und gedankliche Bilder und alle möglichen bildhaften Vorstellungen aus verschiedenen Bereichen gemeint sind. Die Untersuchung dieser Dinge nennt er 'Iconology'. Die Verwendung des Begriffes hat auch hier mit der Tradition von Warburg - Hoogewerff - Panofsky überhaupt nichts zu tun. Es stört den Autor nicht, daß der Begriff 'Ikonologie' eine lange Geschichte hat und eine kunst- bzw. kulturhistorische Methode bezeichnet; er nennt einfach sein eigenes System so. Panofsky wird nur in einem Nebensatz erwähnt, Aby M. Warburg überhaupt nicht. Der Autor tut so, als hätte es Ikonologie als Begriff und Methode vor ihm nicht gegeben. – Diese beiden Publikationen werfen ein etwas merkwürdiges Licht auf die Rezeption der Ikonologie in einer Nachbardisziplin; zumindest durch den Umgang mit dem Begriff, den man inzwischen offensichtlich ohne Beachtung seiner anerkannten Bedeutung munter neu belegen zu können glaubt.

In der Kunstwissenschaft jedenfalls sind Panofskys Formulierungen bis heute verbindlich geblieben. Doch die Diskussion um die Ikonologie ist seitdem nicht stehengeblieben. Es gab Erweiterungen des Aufgabenbereiches, auch Versuche, Panofskys Modell zu modifizieren, ebenso Kritik an der ikonologischen Methode als solcher. Bezeichnend ist dabei wieder, daß in diesen Diskussionen kaum über Warburg gesprochen wird, sondern hauptsächlich über Panofsky. Wenn sie auch nicht als solche kenntlich werden, sind es trotzdem im Grunde auch Warburgs Ideen, die dabei zur Debatte stehen; deshalb seien hierzu noch einige Worte erlaubt.

Eine wichtige Erweiterung war die Einbeziehung der Architektur in die Untersuchungsgegenstände der Ikonographie und Ikonologie. Warburg und Panofsky haben sich mit Architektur nicht beschäftigt; bedeutende Ikonographen wie Eugène Müntz und Karl Künstle hatten, letzterer noch 1928, die Architektur von vornherein als nicht ikonographiefähig ausgeschlossen.[45] Auch wenn es vereinzelte Versuche schon im 19. Jahrhundert gab, ist es noch keine 50 Jahre her, daß der Architekturikonographie und -ikonologie von Forschern wie Richard Krautheimer, Hans Sedlmayr oder Günter Bandmann ein anerkannter Platz in der Kunstwissenschaft verschafft wurde.[46]

Innerhalb der Gattung Malerei wurde die Anwendung der Ikono-

45 Karl Künstle: Ikonographie der christlichen Kunst. Bd. 1. Freiburg i.Br. 1928, S. 5.

46 Erste Ansätze, auch in Bauformen ideelle Gehalte zu suchen, gab es schon bei Gottfried Semper. Wichtige neue Schritte in dieser Richtung waren u. a. folgende Arbeiten: J. Sauer: Symbolik des Kirchengebäudes und seiner Ausstattung in der Auf-

logie nicht nur auf christliche, mythologische und andere von vornherein bedeutungsschwangere Sujets, sondern auch auf scheinbar rein wirklichkeitsabbildende Werke wie Porträts, Stillleben oder die sogenannte "realistische" niederländische Malerei des 16. und 17. Jahrhunderts ausgeweitet.[47]

Es gab auch einige Versuche, das Konzept der Ikonologie selbst zu verändern. Creighton Gilbert versuchte etwa 1952, das Adjektiv 'ikonologisch' als qualitatives Kennzeichen von Kunstwerken zu fassen:[48] Es gebe demnach ikonologische Bilder, d.h. solche, bei

fassung des Mittelalters. Freiburg 1924. – G. André: Architektur und Kunstgewerbe als Gegenstand der Ikonographie. In: Fs. Richard Hamann. Burg 1939, S. 3-11. – Richard Krautheimer: Introduction to an Iconography of Mediaeval Architecture. In: Journal of the Warburg and Courtauld Institutes 5 (1942), S. 1-33. – Hans Sedlmayr: Architektur als abbildende Kunst. Wien 1948. (=Österr. Akademie d. Wiss., Phil.-hist. Kl., Sitzungsberichte Bd. 225, Abh. 3.) – Rudolf Wittkower: Architectural Principles in the Age of Humanism. London 1949. – E. Baldwin Smith: Architectural Symbolism of Imperial Rome and the Middle Ages. Princeton 1956. – Günter Bandmann: Mittelalterliche Architektur als Bedeutungsträger. Berlin 1951. – Ders.: Ikonologie der Architektur. In: Jahrbuch für Ästhetik und allgemeine Kunstwissenschaft 1 (1951), S. 67-109. (Darmstadt 1969 als selbständige Schrift).

47 Z.B.: Edgar Wind: Allegorical Portraiture. In: Journal of the Warburg and Courtauld Institutes 1 (1937), S. 138-162. – Zur ikonologischen Porträtdeutung s. a.: Dieter Wuttke: Aby M. Warburgs Methode als Anregung und Aufgabe. Dritte, um einen Briefwechsel zum Kunstverständnis erweiterte Auflage. Göttingen 1979. Vierte, erneut erweiterte Auflage. Bamberg 1989. (= GRATIA Heft 2.) – Zum "niederländischen Realismus" s. z.B.: Erwin Panofsky: Early Netherlandish Painting. Cambridge (Mass.) 1953. Hier besonders Kap. 5. – Hans Kaufmann: Die Fünfsinne in der niederländischen Malerei des 17. Jh. In: Kunstgeschichtliche Studien. Breslau 1943, S. 133-157. – Andor Pigler: Gruppenbildnisse mit historisch verkleideten Figuren. In: Acta Historiae Artium II. Budapest 1955, S. 169-187. – William S. Heckscher: Rembrandt's Anatomy of Dr. Nicholas Tulp. New York 1958. – Günter Bandmann: Melancholie und Musik. Ikonographische Studien. Köln/Opladen 1960. U.v.a.

48 Creighton Gilbert: On Subject and Not-Subject in Italian Renaissance Pictures. In: Art Bulletin 34 (1952), S. 202-216.

denen die Warburgsche bzw. Panofskysche Methode ein brauchbares Ergebnis liefere, und umgekehrt auch nicht-ikonologische Werke. Diese Ansicht Gilberts steht allerdings im Widerspruch zu Warburg und Panofsky: Da jedes Bild Symptom einer bestimmten kulturellen Situation ist, kann auch jedes Bild als solches interpretiert, also ikonologisch untersucht werden. Eine Scheidung zwischen ikonologischen und weniger ikonologischen Bildern kann es nach dieser Definition nicht geben, auch wenn zugegebenermaßen bei der ikonologischen Untersuchung manche Bilder interessantere, andere weniger interessante Ergebnisse liefern. – Ein anderer Vorschlag kam von Erik Forssmann.[49] Er empfindet es als Mangel, daß "in der ikonologischen Methode der Gestalt- und Erlebnischarakter des Kunstwerks"[50] fehle. Deshalb formuliert er als "Gedankenexperiment einer völlig integrierten, sozusagen absoluten Ikonologie"[51] ein dreiteiliges Modell, welches das Panofskysche modifiziert. Als höchste Stufe ersetzt Forssmann die Ikonologie als synthetische Interpretation durch den Begriff des "Wesenssinnes". Dieser soll etwa das "Verstehen des Werkes als unbewußte Hervorbringung" und die Einordnung in die "Universalgeschichte der Kunst"[52] umfassen. Ob der Versuch der Synthese solcher Unwägbarkeiten mit einer streng historischen Methode wie der Ikonologie sinnvoll ist, um zu einer allumfassenden Universalmethode zu gelangen, ist fraglich.

Als drittes Beispiel für eine versuchte Weiterführung der Ikonologie sei der Begriff der Ikonik genannt, dessen Urheber Max Imdahl ist. Entworfen hat er ihn in seinem Buch "Giotto - Arenafresken" von 1980, das den Untertitel "Ikonographie - Ikonologie - Ikonik" trägt. Bei seiner Interpretation von Giottos Fresken in Padua vollzieht er zunächst Panofskys Interpretationsschema von Ikonographie und Ikonologie nach, um schließlich festzustellen, daß man auf diese Art wesentliche Qualitäten eines Bildes nicht

49 Erik Forssmann: Ikonologie und allgemeine Kunstgeschichte. In: Kaemmerling 1979 (wie Anm. 8), S. 257-298.

50 Forssmann 1979 (wie Anm. 49), S. 297.

51 Forssmann 1979 (wie Anm. 49), S. 297.

52 Forssmann 1979 (wie Anm. 49), S. 298.

erfassen könne. Das würde dagegen die von ihm geforderte "Ikonik" leisten. Ähnlich wie Forssmann versucht Imdahl, auch die ästhetische Erfahrung mit einzubeziehen; doch er geht noch viel weiter, bis zur Sinnfindung und Erkenntnis "höherer Ordnung" und "Sinntotalität" im Kunstwerk: "(...) der Ikonik wird das Bild zugänglich als ein Phänomen, in welchem gegenständliches, wiedererkennendes Sehen und formales, sehendes Sehen sich ineinander vermitteln zur Anschauung einer höheren, die praktische Seherfahrung (...) prinzipiell überbietenden Ordnung und Sinntotalität."[53] Bei aller Abstraktheit solcher Äußerungen wird doch deutlich, daß es Imdahl um Sinnerfahrung im Kunstwerk geht. Damit wird auch die Begriffsreihe Ikonographie - Ikonologie - Ikonik im Titel seines Buches verständlicher: Die von Imdahl erfundene Ikonik ist im Erkennen von Bildern die höchste Stufe; sie steht noch über der Ikonologie und soll deren beschränkte Ergebnisse transzendieren. Imdahl sucht also, weil für ihn die Ergebnisse der Ikonographie und Ikonologie nur einen Teil der Wirklichkeit eines Kunstwerks erfassen können, eine Synthese mit darüber hinausgehenden Erfahrungsweisen. Diese verlassen aber, was Imdahl auch zugibt, den Bereich des intersubjektiv Feststellbaren; ihr Ziel ist kein historisches mehr: eine Vorgehensweise, die mit den Zielen der Ikonologie im Warburgschen und Panofskyschen Sinn, dem Bemühen um historisch verifizierbare Deutungen, nicht im Einklang steht. Auch wenn man das Anliegen, eine Synthese der Ikonologie mit "höheren" Erfahrungen des Kunstwerks zu suchen, anerkennt, ist angesichts seines ahistorischen Charakters zu fragen, inwieweit es mit einer als historisches Fach verstandenen Kunstwissenschaft zu vereinen ist; mit einem Verständnis also, zu dem nicht zuletzt Warburg und Panofsky beigetragen haben.

Neben solchen Modifizierungen der Ikonologie ist auch handfeste Kritik an der Methode selbst laut geworden. Einwände brachte unter anderen Otto Pächt. Er wirft den Ikonologen vor, sie

53 Max Imdahl: Giotto - Arenafresken. Ikonographie - Ikonologie - Ikonik. München 1980, S. 92.

wollten die bildende Kunst darauf reduzieren, "daß sie letzten Endes bloß illustriert, was in anderen geistigen Sphären vorher ersonnen worden ist".[54] Das führe dazu, den künstlerischen Eigenwert zu mißachten. Pächt begeht allerdings eine unzulässige Gleichsetzung, wenn er unterstellt, die Untersuchung des Bedeutungsgehaltes eines Werkes müsse stets auch die Reduzierung auf seinen Bedeutungsgehalt sein. Schon der Begründer der ikonologischen Methode lieferte die beste Widerlegung dieser Behauptung: Aby M. Warburg legte ja in seinem Vortrag von 1912 über die Fresken im Palazzo Schifanoja ein deutliches Bekenntnis zur Würdigung des künstlerischen Genies ab, dazu also, daß ein Werk nicht allein mit Warburgs "ikonologischer" Methode erklärt werden kann und soll. Er räumte sogar ein, daß die Ikonologie bei einer starken Künstlerpersönlichkeit wie Francesco Cossa Schwierigkeiten bekäme, weil dieser Künstler durch die von Warburg sogenannte "Auseinandersetzungs-Energie" Einfluß auf das Programm genommen haben könne. Warburg ging deshalb bei seiner Deutung gerade von den Bildern der schwächeren Gehilfen aus.[55]

Pächt, der sich mehrmals distanzierend gegenüber der Ikonologie äußerte, ist bei weitem nicht der einzige Kritiker dieser Methode geblieben. Den Vertretern einer bestimmten Art der Kunstbetrachtung mußte es ein Dorn im Auge sein, daß etwa eine bemalte Holzschachtel aus Warburgs Sammlung[56] ikonologisch

54 Otto Pächt: Kritik der Ikonologie. (Auszug aus Pächt: Methodisches zur Kunsthistorischen Praxis. Ausgewählte Schriften. Hrsg. v. J. Oberhaidacher u. a. München 1977, S. 235-250.) In: Kaemmerling 1979 (s. Anm. 8) S. 353-376. Dort S. 373.

55 Einen interessanten Beitrag zu der Frage ikonographischer Veränderungen durch den Künstler selbst lieferte Rudolf Berliner in seinem Aufsatz "The Freedom of Medieval Art". In: Gazette des Beaux Arts 28 (1945), S. 263-288. Er zeigt an mehreren Beispielen, daß an mittelalterlichen Kunstwerken gelegentlich ikonographische Neuerungen zu beobachten sind, die aus literarischen Quellen oder Programmen nicht zu erklären sind, ja zum Teil im Widerspruch zu ihnen stehen.

56 Warburg erwarb sie in einem norwegischen Spielzeugladen.

genauso interessant sein kann wie ein Werk von Michelangelo. Oskar Bätschmann war deshalb geneigt, der Ikonologie den Ertrag für die Geschichte der Kunst abzusprechen.[57] Heinrich Lützeler formulierte, daß bei der ikonologischen Untersuchung "die Ausschließlichkeit der geschichtlichen Betrachtung den überzeitlichen Sinn der Kunst" verdeckte und "die Kunst zurückgedrängt und zum Beweisstück für etwas außerkünstlerisches geworden" wäre.[58] In seiner Rezension zu Lützelers Buch[59] wirft Martin Gosebruch den Ikonologen gar Langweiligkeit vor und signalisiert durch den von ihm gebrauchten Ausdruck der "Weltmacht Panofsky", daß er durch die Ikonologie irgend etwas bedroht sieht. Sie könne dem, was Kunst wirklich sei, niemals gerecht werden. Auch in Renate Heidts Dissertation über Panofskys Frühwerke[60] wird der Ikonologie wieder einmal vorgeworfen, daß sie ästhetische Erfahrung und Sinnerfahrung ausschließe; und wieder ist dazu nur zu bemerken, daß Warburg und Panofsky damit mißverstanden worden sind. Dieser angebliche Mangel der Ikonologie hat mit ihrem Arbeitsbereich nichts zu tun; auch beansprucht sie nicht, die einzig existenzberechtigte Form der Untersuchung von Bildern zu sein. Sie schließt eine formale Analyse und die Würdigung formaler Qualitäten nicht aus. Überhaupt muß man vielen Kritikern der Ikonologie vorwerfen, daß sie nicht genau genug gelesen haben. Noch einmal ist dazu zu

Sie fand Eingang in Warburgs Mnemosyne-Atlas, Tafel zum "Hosenkampf". Vgl. Werner Hofmann/Georg Syamken/Martin Warnke: Die Menschenrechte des Auges. Über Aby Warburg. Frankfurt a.M. 1980, S. 159.

57 Oskar Bätschmann 1985 (wie Anm. 2), S. 100. Dabei ist nur von Panofsky, nie von Warburg die Rede. Zur generellen Ikonologiefeindlichkeit des Sammelbandes, der diesen Beitrag enthält (s. Anm. 2), s. die Rezension von Konrad Hoffmann, in: Kunstchronik 41 (1988), S. 610.

58 Heinrich Lützeler: Kunsterfahrung und Kunstwissenschaft. Bd. 2. München 1975, S. 973, 1006.

59 In: Kunstchronik 30 (1977), S. 167-180. Dort S. 179.

60 Renate Heidt: Erwin Panofsky. Kunsttheorie und Einzelwerk. Köln/Wien 1977. Rezensiert von Dieter Wuttke in: Bibliographie zur Symbolik, Ikonographie und Mythologie 11 (1978), S. 68.

sagen, daß Warburg und Hoogewerff nicht umsonst ihren genannten ikonologischen Arbeiten Nachworte angefügt haben, in denen sie betonen, daß durch eine ikonologische Analyse andere Erfahrungsweisen eines Kunstwerks nicht geschmälert werden, sondern durch ein tieferes historisches Verständnis nur gewinnen können.

Anders motiviert ist die Kritik des sowjetischen Kunsthistorikers Michael Liebmann an der Ikonologie.[61] Neben dem Vorwurf, die Ikonologie liefere subjektive und willkürliche Interpretationen, unterstellt er der Methode auch, sie ignoriere die materiellen und sozialen Grundlagen der betreffenden Epoche und sei damit potentiell reaktionär. Daß aber ganz im Gegenteil sowohl Warburg als auch Panofsky zur ikonologischen Interpretation die Untersuchung der sozialen und politischen Gegebenheiten gefordert haben, ist ihm unbegreiflicherweise entgangen.

Den genannten Kritiken an der Ikonologie ließen sich noch viele andere Beispiele anfügen; gerade in letzter Zeit ist eine dahingehende Tendenz festzustellen. – Auch Svetlana Alpers wendet sich in ihrem Buch "The Art of Describing" gegen ikonologische Deutungen der niederländischen Malerei des 17. Jahrhunderts. (Noch eindeutiger in der anti-ikonologischen Tendenz ist allerdings das Vorwort von Wolfgang Kemp zur deutschen Übersetzung.)[62] Eine Passage in Alpers' Einleitung zeigt, daß Warburg hier nichts mehr zu suchen hat: Die Autorin bezeichnet Manets berühmtes Bild "Dejeuner sur l'herbe" als Paradebeispiel für die reine Beschreibung der sichtbaren Oberfläche der Dinge. Es ist aber bekannt, daß Warburg eine Verfolgung des Bildmotivs über verschiedene Stufen bis in die Antike geliefert hatte,[63]

61 Michael Liebmann: Ikonologie. In: Kunst und Literatur 14 (1966), S. 1228-1243. Wiederabdruck in: Kaemmerling 1979 (wie Anm. 8), S. 301-326. Zur Kritik besonders S. 325.

62 Siehe Anm. 2. Rezensiert von Norbert Schneider in: Kritische Berichte (1988), H. 2, S. 107-110.

63 In einem von Warburg nicht publiziertem Text aus dem Jahr 1929. E.H. Gombrich machte ihn jedoch in seiner Warburg-

womit Manets Gemälde als bloße Naturbeschreibung wohl nicht mehr in Frage kommt. Wenn auch die Kritik an ikonologischen Deutungen der niederländischen Malerei in manchen Punkten ihre Berechtigung haben mag, führt ein Rundumschlag gegen die Methode zu der gleichen Verengung des Blickwinkels, die etwa Kemp in seinem Vorwort den Ikonologen vorwirft.

Vor allem aber sollte man sich bei allen Äußerungen, die sich generell gegen die Ikonologie wenden (und nicht nur gegen einzelne Fehlanwendungen) vor Augen halten, was Andreas Beyer so formulierte: "Der Rekurs auf eine ausschließlich wieder die kunstimmanenten Bewegungen analysierende Kunstgeschichte, und der Verzicht auf den grenzerweiternden Anspruch der Ikonologie, droht der Kunstwissenschaft eine führende Rolle innerhalb der Geisteswissenschaften zu nehmen, die sie nicht zuletzt gerade durch die Entwicklung dieser Ansätze einzunehmen in der Lage war."[64]

Der letzte Vorwurf gegen die Ikonologie, der hier erwähnt werden soll, betrifft die Gefahr der Ausartung in Phantasterei. Panofsky hat sie 1955 selbst erkannt und eine strenge Anwendung der historischen Korrektivprinzipien (s.o.) gefordert. In der Tat sind die Beispiele in der kunsthistorischen Literatur zahllos, wo die Kunstwerke atemberaubende Bedeutungen erhalten und merkwürdigstes literarisches Material zur Bedeutungskonstruktion herangezogen wird. Doch dies sind nicht Fehler der ikonologischen Methode selbst, sondern der Personen, die sie anwenden.[65] Von E.H. Gombrich stammt die Bemerkung, daß Warburgs Ziele "überhaupt nichts mit diesem akademischen Gesellschaftsspiel zu

Biographie ausführlich bekannt. (In der deutschen Übersetzung von 1984 S. 363-368 u. S. 459.) Die Abhandlung ist veröffentlicht bei Wuttke, Kosmopolis der Wissenschaft (wie Anm. 6), S. 257-272.

64 A. Beyer (s. Anm. 2), S. 25.

65 Vgl. Dieter Wuttke: Ist Gregorius Arvinianus identisch mit Publius Vigilantius? In: Festschrift Otto Schäfer. Stuttgart 1987, S. 45, Anm. 6.

tun (hatten), in dem derjenige, der die meisten Bedeutungen gefunden hat siegt".[66] Daß eine gewisse Gefahr der Überinterpretation bei der Anwendung der Ikonologie dennoch immer gegeben ist, hat selbst Panofsky gesehen. 1953 schrieb er in seinem Buch "Early Netherlandish Painting" das weise Wort, es gebe dagegen letzlich nur ein Mittel, nämlich "the use of historical methods tempered, if possible, by common sense".[67]

66 E.H. Gombrich: Topos und aktuelle Anspielung in der Kunst der Renaissance. In: Freibeuter 23 (1985), S. 16.

67 Ohne Seitenangabe zitiert bei Bialostocki 1963 (wie Anm. 17), Sp. 781.

Anhang

Dieter Wuttke

Unbekannte Quellen zur Geschichte der Internationalen Gesellschaft für Ikonographische Studien

Die Quellen zur Geschichte der "Internationalen Gesellschaft für Ikonographische Studien / Société Internationale des Études Iconographiques", die hier mitgeteilt werden, sind, soweit ich weiß, bislang unbekannt geblieben. Und mit den Quellen blieb auch die Tatsache unbekannt, daß es einmal, von französischen Forschern angeregt, intensive Bemühungen um die Begründung dieser Gesellschaft gegeben hat.

Ich bin auf die Sache im Rahmen meiner Forschungen zu Aby M. Warburg gestoßen. 1976 entdeckte ich, daß die "Offiziellen Berichte über die Verhandlungen der Kunsthistorischen Kongresse" die Bemühungen und Diskussionen um die Begründung dieser Gesellschaft zwischen 1898 und 1909 ausführlich protokollieren. Allerdings ließ sich dies damals nirgendwo anders als im Warburg Institute entdecken, weil anscheinend nur hier die Reihe der gedruckten "Offiziellen Berichte" lückenlos vorhanden war. Kraus Reprint hat zwar 1978, einem Hinweis von mir folgend, die Reihe der vor dem Ersten Weltkrieg erschienenen Berichte nachgedruckt, doch scheint dieser Reprint bei weitem nicht die wünschenswerte Beachtung und Verbreitung gefunden zu haben. Weil es für Aby M. Warburgs Verhältnis zur Ikonographie und Ikonologie aufschlußreich ist, bin ich im Nachwort des Bandes "Aby M. Warburg, Ausgewählte Schriften und Würdigungen" (Baden-Baden 1979, ^{2}1980, S. 626-630) auf die Vorgänge kommentierend eingegangen. Aber Nachworte haben es nun einmal so an sich, daß sie nicht gelesen werden. Auch wenn es sich "nur" um die Geschichte eines Scheiterns handelt, halte ich die Vorgänge für wichtig genug, um hier mit der folgenden Quellenpublikation erneut ausführlich auf sie aufmerksam zu machen. Die weitere Nicht-Beachtung hielte ich auch deshalb für bedauerlich, weil damit die Initiative zweier französischer Forscher, nämlich Eugène Müntz' und Conrad de Mandachs, beide Paris, aus der Erinnerung gelöscht bliebe.

Es kann kein Zweifel bestehen, daß diese Initiative, vorgetragen in dem für die internationale Ausbildung des Faches Kunstgeschichte entscheidenden Gremium, eine das Problembewußtsein erweiternde und verändernde Funktion gehabt hat. Wenn Aby M. Warburg auf dem Kongreß 1912 in Rom mit seinem legendären Vortrag einen so objektiv belegbaren durchschlagenden Erfolg erringen konnte, daß dieser seit William S. Heckschers Beitrag[1] *zum Bonner Internationalen Kunsthistorischen Kongreß des Jahres 1964 als die eigentliche Gründungsurkunde einer neuen, dem 20. Jahrhundert gemäßen Ikonographie, die Ikonologie heißen sollte, angesehen wird, dann kam Warburg mit Sicherheit die gedankliche Vorarbeit der zwischen 1898 und 1909 international geführten Diskussion zugute. Er bezieht sich freilich nicht darauf, wie andererseits die diskutierenden Fachgenossen seine Schriften nicht als bereits vorliegende exemplarische Leistungen entdeckten. Warburg hat die Diskussionen gekannt; denn er hat alle Kongresse zwischen 1898 und 1909 besucht. Er hat ebenfalls den Internationalen Kongreß für Historische Wissenschaften in Berlin 1908 besucht. Hier hielt am 10. August in der Sektion "Mittlere und neuere Kunstgeschichte" unter dem Vorsitz von Heinrich Wölfflin Conrad de Mandach den folgenden Vortrag: "L'association internationale de l'iconographie. Son but et ses moyen d' action". Anders als die "Offiziellen Berichte der Internationalen Kunsthistorischen Kongresse" meldet hier das Protokoll einen Diskussionsbeitrag Warburgs.*[2] *Leider erfahren wir den Wortlaut nicht.*

1 William S. Heckscher: The Genesis of Iconology. In: Akten des 21. Internationalen Kongresses für Kunstgeschichte, Bonn 1964. Berlin 1967. Bd. III, S. 239-262. Auch in: William S. Heckscher: Art and Literature. Studies in Relationship. Ed. by Egon Verheyen. Durham/Baden-Baden 1985, S. 253-280. Am 26. Februar 1929 notiert Warburg in sein Tagebuch: "Es ist wirklich so, daß mein Vortrag über Ferrara auf dem Congress in Rom 1912 für diese ganze Forschungsrichtung bestimmend gewesen ist durch meine methodologische Forderung einer 'Ikonologie'". Vgl. den Abdruck der ganzen Stelle mit Quellennachweis in: Kosmopolis der Wissenschaft. E.R. Curtius und das Warburg Institute. Briefe 1928-1953 und andere Dokumente. Hrsg. von Dieter Wuttke. Baden-Baden 1989, Beilage I zum angegebenen Datum, S. 241.

2 Internationaler Kongreß für Historische Wissenschaften Berlin 6.-12. August 1908, o.O. u. J. (Berlin 1908). Hier Kongreß-Tageblatt Nr. 6, Dienstag, den 11. August 1908, S. 292. Vgl. ohne Eingehen auf die Rolle der Kunstgeschichte Karl Dietrich Erdmann: Die Ökumene der Historiker. Geschichte der Internationalen Historikerkongresse und des Comité International des Sciences Historiques. Göttingen 1987.

Die nachhaltige Förderung einer ebenso internationalen wie interdisziplinären Bildwissenschaft hatten Eugène Müntz und Conrad de Mandach im Sinn, als sie sich um die Begründung einer Internationalen Gesellschaft für Ikonographische Studien bemühten. Und Müntz erwog bereits 1902, diesem neuen Wissenschaftszweig, der auf umfassender Sammlung beruhen, aber auf Erkenntnis-Synthese ausgehen sollte, den Namen "Iconologie" zu geben. Warum spätestens 1909 als zu uferlos angesehen wurde, was Warburg in seiner Privatbibliothek als Problem längst in den Griff genommen hatte und was hier bereits Institutscharakter annahm,[3] über diese Frage ließe sich vorerst nur spekulieren. Vielleicht werden eines Tages aufschlußgebende weitere Quellen gefunden.

Der Aufbewahr-Leidenschaft Aby M. Warburgs verdanken wir die zwei kleinen Drucksachen, die unten in Faksimile wiedergegeben werden. Sie sind wertvolle Indizien für die Ernsthaftigkeit der damaligen Bemühungen. Es handelt sich um das "Programme" der "Société Internationale des Études Iconographiques", unterzeichnet vom gewählten Präsidenten Eugène Müntz, und um die "Statuts de la Société Internationale des Études Iconographiques", unterzeichnet vom Sekretär Conrad de Mandach. Der "Offizielle Bericht über die Verhandlungen des VII. internationalen Kunsthistorischen Kongresses in Innsbruck" 1902 ergibt, daß die beiden Drucksachen auf 1902 zu datieren sind. Große Teile vom "Programme" findet man hierin überdies in deutscher Übersetzung (vgl. S. 64-67). Ich entdeckte die Drucksachen 1982 im Warburg Institute bei der Durchsicht des Warburg-Archivs.[4] Ich fand nicht die Zeit, den Nachlässen von Müntz und Mandach nachzuforschen oder der Frage allgemeiner nachzugehen, ob sich etwa in Frankreich weitere Dokumente zur Diskussion um Ikonographie und Ikonologie aus der Zeit vor dem Ersten Weltkrieg finden

3 Vgl. das Nachwort von Aby M. Warburg. Ausgewählte Schriften und Würdigungen. Baden-Baden ²1980 und Dieter Wuttke: Die Emigration der Kulturwissenschaftlichen Bibliothek Warburg und die Anfänge des Universitätsfaches Kunstgeschichte in Großbritannien. In: artibus et historiae 10 (1984), S. 133-146.

4 Vgl. die Warburg-Bibliographie, Abt. B: Archivmaterial. London: The Warburg Institute. Warburg-Archiv Nr. 58: Kunsthistorisches Institut Florenz, Drucksachen 1908/13. Siehe Warburg. Ausgewählte Schriften und Würdigungen (wie Anm. 3), S. 596. Für die Herstellung der Fotos und die Reproduktionserlaubnis danke ich dem Warburg Institute.

lassen. Hoffentlich werden andere einmal danach Ausschau halten.

Ich bin mir bewußt, daß dieser Hoffnung im ausgehenden 20. Jahrhundert Ausdruck zu geben, in den Ohren mancher Kunsthistoriker anachronistisch, wenn nicht gar reaktionär klingen muß. Gewinnt doch die jetzige Kunstgeschichtswissenschaft teilweise ihr Modernitätsbewußtsein aus einer zunehmend irrational werdenden ikonographie- bzw. ikonologiefeindlichen Stimmung.[5] *Wer aber zu sehen bereit ist, wie zu Beginn dieses Jahrhunderts gerade die Ikonographie bzw. Ikonologie der Kunstgeschichte als Wissenschaft den Weg aus fachlicher und nationaler Enge bahnte und dem Verständnis des Kunstwerks als eines "sozialen Organs" (Warburg) ganz neue Dimensionen erschloß, der wird, wiewohl verzagt, die Hoffnung nicht aufgeben wollen, retrospektive Erinnerung könnte Besonnenheit freisetzen. Ich lese Peter Schmidts Beitrag als ein Zeichen solcher Hoffnung. Darum erscheint mir der Anhang zu seinem Beitrag der rechte Ort zu sein, die unbekannten Quellen zur bisher unbekannten Geschichte der Internationalen Gesellschaft für Ikonographische Studien mitzuteilen.*[6]

5 *Vgl. demgegenüber Object, Image, Inquiry. The Art Historian at Work. Marilyn Schmitt, General Editor. Santa Monica, California 1988, S. 143 ff..*

6 *Der Abdruck folgt chronologisch und wortgetreu den "Offiziellen Berichten über die Verhandlungen der Internationalen Kunsthistorischen Kongresse". Druckfehler der Vorlagen wurden stillschweigend berichtigt. Nicht alle typographischen Eigenheiten der Vorlagen sowie Gepflogenheiten der Zeichensetzung konnten übernommen werden. Um die Orientierung zu erleichtern, werden die Seitenumbrüche der Vorlagen angegeben. Alle Angaben über Textkürzungen stehen in eckigen Klammern [. . .], aller vom Herausgeber stammender Text ist kursiv gedruckt.*

I.

Die Diskussion um die Begründung der Internationalen Gesellschaft für Ikonographische Studien auf den Internationalen Kunsthistorischen Kongressen zwischen 1898 und 1909

Quellen

Offizieller Bericht über die Verhandlungen des Kunsthistorischen Kongresses in Amsterdam. 29. September bis 1. Oktober 1898. Nürnberg o.J. (1899). Reprint: Nendeln/Liechtenstein 1978.

Offizieller Bericht über dieVerhandlungen des Kunsthistorischen Kongresses in Lübeck. 16. bis 19. September 1900. Nürnberg o.J. (1900). Reprint: Nendeln/ Liechtenstein 1978.

Offizieller Bericht über die Verhandlungen des VII. Internationalen Kunsthistorischen Kongresses in Innsbruck. 9. bis 12. September 1902. Berlin o.J. (1902). Reprint: Nendeln/Liechtenstein 1978.

Offizieller Bericht über die Verhandlungen des VIII. Internationalen Kunsthistorischen Kongresses in Darmstadt. 23. - 26. September 1907. Leipzig o.J. (1907). Reprint: Nendeln/Liechtenstein 1978.

Offizieller Bericht über die Verhandlungen des IX. Internationalen Kunsthistorischen Kongresses in München. 16. bis 21. September 1909. Leipzig o.J. (1909). Reprint: Nendeln/Liechtenstein 1978.

A. Internationaler Kunsthistorischer Kongreß in Amsterdam vom 29. September bis zum 1. Oktober 1898

Am 29. September sieht das Programm für das Ende des Vormittags u.a. eine kleinere Mitteilung des Herren Eugène Müntz, Paris, *vor* über: "La nécessité des études iconographiques". *[S. 3.]*

Über die Ausführung schreibt der Bericht [S. 9]:

An Stelle des nicht erschienenen Herrn Eugen Müntz-Paris verliest Herr Durand-Gréville aus Angers des Genannten Manuskript zu dem Thema: "La nécessité des études iconographiques", das besonders die Bedeutung der Tapisserien für die profangeschichtlichen Darstellungsweisen hervorhebt.

L'Iconographie dans les Tapisseries du Moyen-âge et de la Renaissance

Les études iconographiques, tellement en faveur il y a un demi-siècle, sont aujourd'hui trop délaissées, surtout pour le domaine de l'art profane[x]). L'histoire de l'architecture en est réduite à n'être plus que l'histoire des procédés de construction. Dans les sculptures et les peintures, on ne voit plus que la question d'attribution, sans se préoccuper du sens des oeuvres, voire de leur mérite. D'historiens nous risquons de tomber au rang d'experts.

Je voudrais appeller ici l'attention sur la source d'informations, si riche, qui s'appelle la peinture en tapisserie *[...]*

A notre point de vue spécial, je veux dire au point de vue de l'iconographie profane, la tapisserie possède un privilège précieux: par cela même qu'elle a surtout pour mission de décorer les châteaux (sans être exclue des églises, elle est forcée, sur les autels, par exemple, de céder la place à la peinture proprement dite); par cela même dis-je, qu'elle se mèle plus intimement à la vie de tous les jours, elle est fatalement entrainée vers les sujets

---

[x]) Je citerai, comme des exceptions honorables, le mémoire de M. d'Antoniewicz: "Ikonographisches über Chrestien de Troyes" (Erlangen, 1890) et les différentes dissertations publiées par M. de Schlosser dans le "Jahrbuch der Kunst-Sammlungen des a. h. Kaiserhauses".

profanes et reçoit toutes sortes de confidences d'un caractère moins grave, moins ascétique. C'est elle qui nous renseigne de préférence sur les mœurs d'une epoque, sur ses hauts faits militaires, ses exploits, cynégétiques, ses fêtes de famille, ses joyeusetés. En un mot elle est à la peinture ce que le fabliau, la farce, la moralité ou même la chanson de geste sont á la littérature d'édification.

[Hier endet S. 9. Auf den Seiten 10-12 werden zahlreiche profane Themen aufgezählt. Auf S. 12 unten geht der Text so weiter:]

On voit par ce petit nombre d'exemples - il me serait d'en produire dix fois plus - combien d'informations la peinture en tapisserie fournirait à l'iconographie profane du moyen-âge et de la Renaissance. Mais que serait-ce si nous attachions aux qualités de composition ou du style! Grâce aux tapissiers il serait facile de reconstituer l'œuvre d'artistes, bien plus d'écoles entières, qui ne sont jusqu' ici connue que par un petit nombre de peintures. *[.../13/...]* La recherche de tels ouvrages enrichirait considérablementle domaine de l'art pendant l'époque si attachante de la transition du XV au XVI siècle. Peut-être même est-il permis de soutenir qu'elle offrirait autant d'intérêt que les irritantes recherches d'attribution de peintures de huitième ou dixième ordre, qui passionnent trop exclusivement la critique d'art contemporaine.

B. Internationaler Kunsthistorischer Kongreß in Lübeck vom 16. bis 19. September 1900

Für den Nachmittag des 16. September sieht das Programm eine gemeinsame Sitzung des ständigen Ausschusses und des Ortsausschusses vor, deren Vorsitz Prof. Dr. August Schmarsow, Leipzig, hat [S. 3]. Hierbei stellt Schmarsow u.a. Folgendes zur Verhandlung [S. 11, 13-15]:

In Amsterdam hat Eugène Müntz aus Paris eine Mitteilung verlesen lassen, die dazu anspornen sollte, ein bestimmtes Gebiet kunstwissenschaftlicher Arbeit mit grösserem Eifer, als dies in letzter Zeit geschehen war, zu pflegen.[x]) Seine Mahnung "die Notwendigkeit ikonographischer Studien" besonders nach der Seite der profanen Darstellung hin, ist gewiss beherzigenswert. Ich glaube freilich nicht, dass die Sachlage ganz so schlimm aufzufassen ist, wie Müntz sie charakterisiert, wenn er schreibt: "Dans les sculptures et les peintures on ne voit plus que la question d'attribution, sans se préoccuper du sens des œuvres, voire de leur mérite. D'historiens nous risquons de tomber au rang d'experts." Von allen ernsten Vertretern der Kunstwissenschaft wird, bei uns wenigstens, die Geschichte der künstlerischen Probleme als die Hauptaufgabe der Forschung betrachtet. Und diese wird auf der einen Seite nicht ohne Rücksicht auf die technischen Prozesse, die Bestimmung der Zeit und Schule, oder die Zuschreibung an einzelne Meister, selbst untergeordneten Ranges auskommen können, auf der anderen Seite jedoch ebenso notwendig auf den Sinn der Darstellung, auf den Gehalt der Themas und den Wert der künstlerischen Leistung eingehen müssen. Auch Jakob Burckhardt hat es noch in seinen letzten Beiträgen zur Kunstgeschichte[xx]) als wünschenswerten Zustand bezeichnet, "wenn die Kunstforschung sich die Geschichte der Aufgaben mehr zum Ziele gesetzt haben werde, als dies bisher geschehen".

In diesem Sinne möchte ich die Anregung von Eugène Müntz heute weiter verfolgen. Ich habe mir die Frage gestellt, was zu Gunsten der ikonographischen Studien geschehen könne, nachdem sie durch andere Anliegen, vielleicht am meisten durch die Ausbildung der Kennerschaft im Umkreis unserer Museen, eine Zeitlang zurückgedrängt worden. Nach bisherigen Erfahrungen ist der Mahnruf eines Einzelnen, so gewichtig seine Stimme auch sein mag, nicht ausreichend, eine Rückkehr zu dem einstigen Arbeitsgebiet hervorzurufen, das vom allgemeinen Zuge verlassen, einer Mehrzahl schon fremd geworden. Nur ein glänzender Ertrag erneuten Anbaues vermöchte vielleicht die frischen Kräfte der Jüngeren anzulocken. Und wahrscheinlich genügt auch angestrengte Bemühung Mehrerer noch nicht zu dauernder Abhilfe, weil es vielmehr darauf ankommt, das Brachfeld mit einem Strom der neuen Richtung zu durchziehen und im Sinne des gewaltigen Fortschrittes zu bewirtschaften, dessen Erfolge wir doch vollauf anerkennen werden. So erscheint es wünschenswert, eine lebendige Verbindung herzustellen und der eifrigen Pflege ikonographischer Studien durch die bewährten Forscher einen fühlbaren Anschluss an die kunsthistorischen Kongresse

---

[x]) Offizieller Bericht über die Verhandlungen des kunsthistorischen Kongresses in Amsterdam, Nürnberg 1898. S. 9 ff.

[xx]) Basel 1898 S. 96.

zu eröffnen, wo in regelmäßiger Wiederkehr der Versammlungen Gelegenheit genug geboten wird, die Fruchtbarkeit des Austausches zu bewähren. /14/

Ich stelle deshalb den Antrag: "der kunsthistorische Kongress wolle die Einsetzung einer internationalen Kommission zur Förderung ikonographischer Studien auf dem Gebiete der Kunstwissenschaft beschliessen".

Dieser leitende Ausschuss soll, mit dem Rechte der Kooptation neuer Mitglieder, die Aufgabe übernehmen, für alle zur Pflege des Gesamtgebietes der Ikonographie im Sinne der Kunstgeschichte geeigneten Maßnahmen Sorge zu tragen, indem er z.B. besonders lohnende und dringende Probleme zur Bearbeitung empfiehlt, die Ausführung etwa durch Stipendien ermöglicht oder wertvolle Leistungen durch Preise auszeichnet, die Veröffentlichung der Schriften wie der Denkmäler erleichtert und die regelmäßige Berücksichtigung dieses Zweiges in der kunsthistorischen Literatur im Auge behält. Auf diese Weise wird es auch möglich werden, unsere Akademieen der Wissenschaften und die sonstigen gelehrten Gesellschaften, denen umfassendere Mittel zu Gebote stehen, zur Unterstützung dieses Spezialgebietes zu veranlassen, wie es in Frankreich bereits geschehen ist, mit Hilfe des internationalen Kartells aber in noch ausgedehnterem Maße geschehen könnte.

Zu diesem Behufe wird es ratsam sein, eine grössere Gesellschaft zur Förderung der Ikonographie zu vereinigen, so dass aus den Beiträgen ihrer Mitglieder die wissenschaftlichen Bestrebungen materiell unterstützt werden. Die Organisation und fernere Leitung der Gesellschaft soll aber dem engeren, vom kunsthistorischen Kongress gewählten Ausschuss überlassen bleiben.

Ich würde demgemäß vorschlagen, heute wenigstens eine kleine Anzahl von Fachvertretern als Kommission zu berufen, der zunächst die weitere Beratung und Ausgestaltung des Ganzen anheimgestellt werde.

An die Spitze gehört ohne Zweifel der Pariser Gelehrte, von dem die Anregung auf dem Amsterdamer Kongress ausgegangen ist, Mr. Eugène Müntz, membre de l'Institut.

Von deutscher Seite dürften wir diesem, für die profane Ikonographie vorwiegend eingetretenen Forscher wohl keinen besseren Vertreter der kirchlichen Ikonographie beigesellen können, als den Vorsitzenden des ständigen Ausschusses der kunsthistorischen Kongresse selbst, Geh. Hofrat Professor Dr. Franz Xaver Kraus in Freiburg i. Breisgau.

Sodann würde ich bitten, noch die Herren Prof. J.J. Tikkanen in Helsingfors, Dr. Julius von Schlosser in Wien, Mr. C. de Mandach in Paris in diese wissenschaftliche Kommission zu berufen.

Da dieser kleinen Zahl das Recht der Kooptation gegeben wird, so kann es ihr nicht schwer fallen, sich durch Vertreter anderer Länder und anderer Richtungen zu ergänzen, wie etwa Kondakoff in Russland, Carl Justi in Bonn, Adolfo Venturi in Rom u.s.w.

Vielleicht ersucht dieser engere Ausschuss eine Reihe von anderen Fachvertretern, sich ihm als Sekretäre der weiter verzweigten Gesellschaft in den verschiedenen Ländern zur Seite zu stehen, wie etwa: Prof. v. Antoniewicz in Lemberg, Mr. Bertaux in Paris, Dr. Adolph Goldschmidt in Berlin, Dr. Paul Weber in Jena u.s.w.

Doch will ich dem eigenen Ermessen der Kommission und der Entwicklung der Sache, für die in Frankreich bereits angeregte Stimmung vorhanden ist, nicht /15/ vorgreifen und nur wünschen, dass sie auch bei uns den Anklang finde, den sie verdient, und dessen sie natürlich zu ihrem Gedeihen dringend bedarf.

Dem internationalen kunsthistorischen Kongress in Lübeck beehre ich mich demnach folgenden Antrag zu unterbreiten:

"Der kunsthistorische Kongress wolle die Einsetzung einer Kommission zur Förderung ikonographischer Studien auf dem Gebiete der Kunstwissenschaft beschliessen.

"Diese Kommission soll alle für diesen Zweck geeigneten Maßnahmen treffen und das Recht haben, sich selbst zu organisieren, sowie durch Kooptation neuer Mitglieder zu ergänzen.

"Zur Wahl durch den versammelten Kongress schlage ich folgende Herren vor: Eugène Müntz, membre de l'Institut, Paris, als Vorsitzenden, Geh. Hofrat Prof. Dr. Franz Xaver Kraus, Freiburg i. Br., Prof. Dr. J.J. Tikkanen, Helsingfors, Dr. Julius v. Schlosser, Wien, C. de Mandach, Paris.

"Der ständige Ausschuss der kunsthistorischen Kongresse übernimmt es, die erwählten Mitglieder der Kommission von dem Beschlusse in Kenntnis zu setzen und zur Vereinigung unter dem Vorsitz von Eugène Müntz aufzufordern".

Da auf die Anfrage des Vorsitzenden sich niemand zum Worte meldet, wird sofort zur Abstimmung geschritten und der Antrag einstimmig angenommen.

C. Internationaler Kunsthistorischer Kongreß in Innsbruck vom 9. bis 12. September 1902

Das Programm sieht für den Vormittag des 9. September u.a. einen durch C. de Mandach, Paris, zu erstellenden Bericht des Vorstandes der Internationalen Gesellschaft für Ikonographische Studien *vor. [S. 3.]*
Professor Dr. August Schmarsow leitet den Tagesordnungspunkt so ein [S. 21]:

Darnach habe ich dem Sekretär des Vorstandes der internationalen Gesellschaft für ikonographische Studien, Herrn C. de Mandach, das Wort zu erteilen, der im Namen des Vorsitzenden Eugène Müntz in Paris hier zu sprechen hat. *[S. 22-26:]*

Mr. C. de Mandach - Paris:
"Bericht des Vorstandes der Internationalen Gesellschaft für Ikonographische Studien":

Gestatten Sie mir kurz auf das zurückzukommen, was bisher für die Internationale Gesellschaft für Ikonographische Studien geschehen ist.

Beim Kongresse von Amsterdam liess Eugène Müntz, Paris, eine Mitteilung verlesen, welche die Pflege ikonographischer Studien im Kreise der Kunsthistoriker zu empfehlen bestimmt war.

Beim nachfolgenden Kongress zu Lübeck nahm Prof. Dr. Schmarsow diesen Gedanken wieder auf und stellte einen weiteren Antrag. Er drückte sich folgendermassen aus: (Liest).

"Ich stelle deshalb den Antrag:

Der kunsthistorische Kongress wolle die Einsetzung einer internationalen Kommission zur Förderung ikonographischer Studien auf dem Gebiete der Kunstwissenschaft beschliessen. Dieser leitende Ausschuss soll, mit dem Rechte der Kooptation neuer Mitglieder, die Aufgabe übernehmen, für alle zur Pflege des Gesamtgebietes der Ikonographie im Sinne der Kunstgeschichte geeigneten Maßnahmen Sorge zu tragen, indem er z.B. besonders lohnende und dringende Probleme zur Bearbeitung empfiehlt, die Ausführungen etwa durch Stipendien ermöglicht oder wertvolle Leistungen durch Preise auszeichnet, die Veröffentlichung der Schriften wie der Denkmäler erleichtert und die regelmässige Berücksichtigung dieses Zweiges in der kunsthistorischen Literatur im Auge behält. Auf diese Weise wird es auch möglich werden, unsere Akademieen der Wissenschaften und die sonstigen gelehrten Gesellschaften, denen umfassendere Mittel zu Gebote stehen, zur Unterstützung dieses Spezialgebietes zu veranlassen, wie es in Frankreich bereits geschehen ist, mit Hilfe des internationalen Kartells aber in noch ausgedehnterem Masse geschehen könnte.

Zu diesem Behufe ist es ratsam, eine grössere Gesellschaft zur Förderung der Ikonographie zu vereinigen, so dass aus den Beiträgen ihrer Mitglieder die wissenschaftlichen Bestrebungen materiell unterstützt werden. Die Organisation und fernere Leitung der Gesellschaft soll aber dem engeren, vom kunsthistorischen Kongress gewählten Ausschuss überlassen bleiben.

Ich würde demgemäss vorschlagen, heute wenigstens eine kleine Anzahl von Fachvertretern als Kommission zu berufen, der zunächst die weitere Beratung und Ausgestaltung des Ganzen anheim gestellt werde.

An die Spitze gehört ohne Zweifel der Pariser Gelehrte, von dem die Anregung auf dem Amsterdamer Kongress ausgegangen ist, Mr. Eugène Müntz, membre de l'Institut.

Von deutscher Seite dürften wir diesem, für die profane Ikonographie vorwiegend eingetretenen Forscher wohl keinen besseren Vertreter der kirchlichen Ikonographie beigesellen können, als den Vorsitzenden des ständigen Ausschusses der kunsthistorischen Kongresse Geh. Hofrat Professor Dr. Franz Xaver Kraus zu Freiburg im Breisgau. */23/*

Sodann würde ich bitten, noch die Herren Prof. J. J. Tikkanen in Helsingfors, Dr. Julius von Schlosser in Wien, Mr. C. de Mandach in Paris in diese wissenschaftliche Kommission zu berufen.

Da dieser kleinen Zahl das Recht der Kooptation gegeben wird, so kann es ihr nicht schwer fallen, sich durch Vertreter anderer Länder und anderer Richtungen zu ergänzen, wie etwa Kondakoff in Russland, Carl Justi in Bonn, Adolfo Venturi in Rom u. s. w.

Vielleicht ersucht dieser engere Ausschuss eine Reihe von anderen Fachvertretern, sich ihm als Sekretäre der weiter verzweigten Gesellschaft in den verschiedenen Ländern zur Seite zu stellen, wie etwa: Prof. Joh. v. Boloz Antoniewicz in Lemberg, Mr. Bertaux in Paris, Dr. Adolf Goldschmidt in Berlin, Prof Dr. Paul Weber in Jena u. s. w.

Doch will ich dem eigenen Ermessen der Kommission und

der Entwicklung der Sache, für die in Frankreich bereits angeregte Stimmung vorhanden ist, nicht vorgreifen und nur wünschen, dass sie auch bei uns den Anklang finde, den sie verdient und dessen sie natürlich zu ihrem Gedeihen dringend bedarf.

Dem internationalen, kunsthistorischen Kongress in Lübeck beehre ich mich demnach folgenden Antrag zu unterbreiten:

"Der kunsthistorische Kongress wolle die Einsetzung einer Kommission zur Förderung ikonographischer Studien auf dem Gebiete der Kunstwissenschaft beschliessen.

Diese Kommission soll alle für diesen Zweck geeigneten Massnahmen treffen und das Recht haben, sich selbst zu organisieren, sowie durch Kooptation neuer Mitglieder zu ergänzen.

Zur Wahl durch den versammelten Kongress schlage ich folgende Herren vor: Eugène Müntz, membre de l'Institut, Paris, als Vorsitzenden, Geh. Hofrat Prof. Dr. Franz Xaver Kraus, Freiburg i. Br., Prof. Dr. J.J. Tikkanen, Helsingfors, Dr. Julius v. Schlosser, Wien, C. de Mandach, Paris.

Der ständige Ausschuss der kunsthistorischen Kongresse übernimmt es, die erwählten Mitglieder der Kommission von dem Beschlusse in Kenntnis zu setzen und zur Vereinigung unter dem Vorsitz von Eugène Müntz aufzufordern."

Da auf die Anfrage des Vorsitzenden sich niemand zum Worte meldet, wird sofort zur Abstimmung geschritten und der Antrag einstimmig angenommen."

Der Ausschuss hat gefunden, dass Prof. Dr. Schmarsow, der die Seele dieses Unternehmens ist, unbedingt beitreten sollte und hat ihn einstimmig kooptiert.

Seit der Konstituierung des Ausschusses haben wir den Hinschied des Herrn Prof. Dr. Franz Xaver Kraus zu verzeichnen, welcher Verlust für unser Unternehmen sehr bedauernswert ist. Seit der Konstituierung sind in Frankreich wenige Werke über Ikonographie erschienen. Eines darunter verdient genannt zu werden. Es ist die kürzlich erschienene Monographie über Petrarca von Prinz d'Essling und Eugène Müntz...

Im allgemeinen ist in Frankreich noch sehr wenig Anregung für Ikonographische Studien vorzufinden. Die Academie d'Inscription et belles lettres */24/* hat vor 2 Jahren einen Preis ausgesetzt für eine ikonographische Untersuchung der "Tugenden und Laster". Weil sich bis zur gesetzten Frist niemand meldete, wurde die Frist zweimal verlängert. Schliesslich wurde der Preis aufgehoben, weil niemand eine Arbeit eingesandt hatte.

Im allgemeinen fehlt bei den ikonographischen Arbeiten eine einheitliche Wirksamkeit und Direktion und im Hinblick darauf hat Eugène Müntz in seinem Bericht folgendes ausgeführt; ich bitte das "Programm der internationalen Gesellschaft für Ikonographische Studien" anhören zu wollen:

"Die internationale Gesellschaft für Ikonographische Studien stellt sich die Aufgabe, für alle zur Pflege des Gesamtgebietes der Ikonographie im Sinne der Kunstwissenschaft geeignete Massnahmen Sorge zu tragen.

Ihr Hauptabsehen ist auf das Studium der Darstellungsgegenstände und Vorstellungsinhalte aller Werke der bildenden Kunst gerichtet. Was in reichem Masse für das klassische Altertum vollbracht worden ist, will sie vornehmlich für das christliche Altertum, das Mittelalter und die Renaissance zu fördern suchen, ohne sich den angrenzenden Perioden früherer oder späterer Zeit zu verschliessen.

Damit ist schon eine Andeutung über den Sinn des Wortes "Ikonographie" sowie über die Grenzen des Arbeitsfeldes der Gesellschaft gegeben.

Verständigen wir uns vorab über den Sinn, der dem Worte "Ikonographie" beizulegen ist. Nach der letzten Ausgabe des Dictionaire de l'Academie française 1879 bedeutet der Ausdruck folgendes: Beschreibung der Bildwerke, Gemälde u.s.w. Er bezieht sich vorzugsweise auf die antiken Denkmäler wie die Büsten, die Reliefs, die Malereien. Er bezeichnet insbesondere auch die Sammlung von Bildnissen berühmter Männer aus dem klassischen Altertum wie z.B. Viscontis Iconographia.

Darnach ist in erster Linie festzustellen, dass das Wort Ikonographie tatsächlich einen doppelten Sinn hat. Es kann einerseits und zwar im engeren Sinne, auf das Studium der Porträte allein bezogen werden; andererseits, und zwar im weiteren Sinne, die Untersuchung der verschiedenen von der bildenden Kunst verarbeiteten Themata. Der Ausdruck "Ikonologie" für diese letztere hätte dazu dienen können, die Zweideutigkeit von vorneherein fernzuhalten: Neuerungen zu versuchen, ist immer gefährlich; deshalb verzichten wir darauf, diesen Namen jetzt noch einzuführen. Da obige Erklärungen ohnehin kein Missverständnis mehr zulassen, soll die herkömmliche Bezeichnung Ikonographie beibehalten werden, indem wir vornehmlich die Erforschung der Darstellungsgegenstände und Vorstellungsinhalte in allen Werken der bildenden Kunst darunter verstehen.

Die Wichtigkeit derartiger Studien bedarf keiner Betonung.

Was stellt das Werk vor? ist gewöhnlich die erste Frage, die sich angesichts eines Gemäldes, eines Reliefs, eines Kupferstiches oder sonst irgend eines anderen Bildwerkes einstellt. Die Antwort darauf suchen wir in unserer eigenen Vorstellungswelt oder Erinnerungen aus der überlieferten Literatur. Ist es doch namentlich in den vergangenen Jahrhunderten selten, dass ein Künstler nicht aus der heiligen Schrift oder Mythologie geschöpft, nicht die Dichter oder Geschichtsschreiber zu Rate gezogen hat. Die Ikonographie hat sich also mit allen möglichen Quellen der Darstellung zu befassen, religiöses Dogma, Legende */25/* oder Mythus, Epos, Chroniken und Annalen; aber auch Phantasieprodukte aller Art, philosophische Abhandlungen, Moralpredigten, umfassende Encyklopädien, wie z.B. das Speculum des Vincenz von Beauvais; ja sogar Flugschriften - Pamphlete und Satiren - geben oft willkommenen Aufschluss. Auf religiösem Gebiete verlangt die bis dahin allzusehr vernachlässigte Liturgie eingehende Berücksichtigung.

Wenn wir bei den meisten Darstellungen, die sich auf das alte und neue Testament, auf Mythologie oder die Geschichte der Griechen und Römer beziehen, schon auf den ersten Blick den Gegenstand erraten, so verdanken wir das der allgemeinen Vorbildung, die uns in die literarische Quelle eingeweiht oder durch mündliche Ueberlieferung die Vorstellungskreise dieser gemeinsamen Grundlagen unserer Kultur vertraut gemacht hat. Aber es giebt selbst auf diesem Gebiete schon weniger geläufige Episoden, deren Erkennung erst durch aufmerksames Nachschlagen der Bibel, der Ilias, der Tragiker oder anderer Schriftwerke ermittelt werden kann. Es genüge, unter der Reihe solcher Forschungen die kürzlich gemachte Entdeckung über den sogenannten "Philosophenwald" des G i o r g i o n e zu nennen. Keinem bisherigen Versuche war es bisher geglückt, die Darstellung befriedigend zu erklären, bis F r a n z W i c k h o f f darin die Übertragung einer Stelle aus der Aeneis nachwies.

Um so notwendiger erweist sich eine eigentliche Beherrschung oder systematische Durchforschung des literarischen Quellenmaterials, um den Sinn jeder Darstellung herauszufinden, sobald es sich um minder populäre Stoffe handelt, schon die Metamorphosen Ovids oder gar die Polychomachie des Prudentius, selbst der heiligen Legenden u. dgl.

Vor allem richten sich die ikonographischen Untersuchungen auf die durch Malerei, Zeichnung, Stich u. s. w. ausgeführte Illustration von Schriften religiösen, sittlichen und geschichtlichen

Inhaltes, von Gedichten, Romanen, kurz allen Erzeugnissen der Literatur. Was in dieser Hinsicht allein für die Miniaturen übrig bleibt, ersieht man aus den wertvollen Beiträgen Springers über die Psalmen.

Unsere Gesellschaft wird nichts unterlassen, was sie zur Förderung solcher ikonographischer Studien beizutragen vermag - handle es sich um die Ikonographie eines Heiligen, wie in Thodes Franz von Assissi oder Mandachs Antonius von Padua, um die Ikonographie eines Dichterwerkes, wie die Arbeiten von Fr. X. Kraus und L. Volkmann über Dantes Divina comedia. - Eine weitere Aufgabe wäre die Ausführung ikonographischer Nachschlagebücher, die eine so empfindliche Lücke in der Reihe wissenschaftlicher Hilfsmittel ausfüllen würden. Eines der ersten Anliegen, dem sich die Gesellschaft zu widmen gedenkt, ist die Zusammentragung eines "Thesaurus iconographicus", dessen Anlage sich dem Systeme bei Bartsch und Passavant, Peintre-Graveur, und bei Zani, Enciclopedia metodica, anschliessen soll.

In dem nämlichen Sinne glaubt sie die Grenzen ihrer Obliegenheiten nicht zu überschreiten, wenn sie die Vorschriften über die Anordnung ikonographischer Abteilungen bei öffentlichen Kupferstich- und Photographiesammlungen befürwortet, und bei den Vorständen dieser Institute die Berücksichtigung solcher Einteilungsprinzipien, die den ikonographischen Studien zugute kommen, in möglichst gleichförmiger Durchführung zu erreichen sucht.

/26/ Darnach ist es kaum noch erforderlich, besonders hervorzuheben, dass unser Programm die anspruchslosen Aeusserungen der volkstümlichen Kunst ebensowohl umfasst, wie die grossen Meisterwerke. Die Gesellschaft wird also das Gebiet der Folk-Lore berühren, aber bemüht sein, in das Arbeitsgebiet anderer Gesellschaften, die sich speziell mit diesen Studien beschäftigen, nicht überzugreifen.

Besondere Aufmerksamkeit soll auch der Ornamentik im eigentlichen Sinne dieses Wortes zuteil werden. Ist doch das Vorherrschen des einen oder andern Motives, wie Maeander, Spirale, Flechtwerk u. s. w. bezeichnend für ganze Schulen. Mehrere dieser Motive sogar, in denen man lange nur Erzeugnisse eines reinen Formenspieles erblickt hatte, haben sich als gegenständliche Darstellungen oder wenigstens Andeutungen von Vorstellungsinhalten erwiesen. Mag mancher auch nicht alle Auslegungen annehmen, wie sie z.B. in Soldis Langue Sacrée gegeben werden, so kann doch einigen dieser Formen eine religiöse moralische oder philosophische Bedeutsamkeit nicht abgesprochen werden.

Derartige Forschungen werden nicht allein der Kunstwissenschaft frommen, sondern auch der Literatur - Kulturgeschichte im weitesten Sinne - zustatten kommen. Letztere wird dabei erfahren, auf welchen bisher unbekannten Wegen gewisse poetische Stoffe, sei es in soziale Schichten oder entlegene Gegenden gedrungen sind, wo man die Spuren kaum vermutet hatte. Eine Dichtung, ein Roman, die literarisch vielleicht ziemlich wertlos sind, haben manchmal hunderte von Gemälden und Stichen hervorgerufen und jahrhundertelang die Künstlerphantasie angeregt; ja noch mehr, viele literarische Themata haben sich bereits ausschliesslich durch den Pinsel, den Grabstichel oder den Zeichenstift verbreitet und entwickelt, z.B. der Totentanz, und wie viel Licht solche Forschungen auf die Kulturgeschichte zu werfen vermögen, geht deutlich z.B. aus der Geschichte der Karikatur hervor.

Kurzum, im engen Anschluss an die Literatur und Kulturgeschichte scheint uns die Ikonographie berufen, ihr Werk fruchtbar zu gestalten und der Kunstwissenschaft wie ihren Nachbargebieten hervorragende Dienste zu leisten."

Im Namen des Ausschusses für ikonographische Studien drücke ich die Hoffnung aus, dass sich unter dieser Versammlung mehrere Fachgenossen befinden, welche diesem Gegenstande ihr Interesse zuwenden werden.

Präsident Prof. Dr. Schmarsow:

Ich danke dem Herrn v. Mandach für seinen Vortrag, wobei ich noch besonders erwähnen möchte, dass derselbe aus Bescheidenheit sein eigenes Werk nicht genannt hat.

Am 10. September kommt der Kongreß auf die Angelegenheit zurück. Es findet eine Aussprache statt mit folgendem Wortlaut [S. 49-51]:

Präsident Prof. Dr. Schmarsow - Leipzig:

[...]
Dann möchte ich noch auf die Verhandlungen der gestrigen Sitzung zurückgreifen.

Es hat sich eine rege Anteilnahme an den Mitteilungen über die Internationale Gesellschaft für Ikonographische Studien geltend gemacht. Es sind diesbezüglich von verschiedenen Seiten Fragen an den Vorsitzenden gestellt worden. Ich möchte es daher nicht unterlassen, Herrn de Mandach zu ersuchen, seinem Vortrag von gestern noch die praktische Pointe zu geben, die von der Corona gefordert wird, und darüber ein paar kurze Notizen uns mitzuteilen.

C. de Mandach - Paris:

Im Anschlusse an meine gestrigen Ausführungen möchte ich mitteilen, dass der Ausschuss der Gesellschaft für ikonographische Studien sich konstituiert hat, und zwar wie folgt: Mr. Eugène Müntz-Paris, Präsident; Professor Dr. A. Schmarsow-Leipzig, Vizepräsident; weiter die Herren Prof. Dr. J. J. Tikkanen - Helsingfors, Dr. Julius von Schlosser-Wien, sowie als Sekretär C. de Mandach.

Diese Herren haben die Stelle als Ausschussmitglieder angenommen, nachdem sie bereits vom Kongress zu Lübeck gewählt worden waren.

Es sind in Paris in letzter Zeit Schritte unternommen worden im Hinblick auf die Konstituierung der Gesellschaft, welche in Kunstkreisen willkommene Aufnahme gefunden hat. Es lässt sich erwarten, dass in Frankreich sich in der nächsten Zeit eine beträchtliche Anzahl von Mitgliedern melden werden. Der Beitrag ist auf 10 Francs (8 Mark) festgesetzt. Mit den daraus sich ergebenden Mitteln gedenkt die Gesellschaft jährliche Berichte herauszugeben, in denen sich Originalarbeiten, Literaturberichte und Biographien finden werden. Dieser Bericht wird in deutscher, englischer, italienischer oder lateinischer Sprache erscheinen.

Eine ihrer Hauptaufgaben wird die Gesellschaft in der Gründung eines thesaurus iconographicus erblicken, welcher sich auf das gesamte Gebiet der christlichen Ikonographie erstrecken soll.

Im Namen und Auftrage des internationalen Ausschusses unterbreite ich der Versammlung ein Blatt, auf dem sich jene Herren, welche der Gesellschaft für ikonographische Studien beitreten wollen, einzeichnen mögen.

Präsident Prof. Dr. Schmarsow-Leipzig:

Wünscht jemand in dieser Angelegenheit noch das Wort?

A.L. Jellinek - Wien:

Der Bericht des Sekretärs der Ikonographischen Gesellschaft, der uns gestern vorgelegt wurde, enthält reiche und wertvolle Anregungen, deren Aus- */50/* führung vielleicht geeignet ist, das Gebiet der Kunstwissenschaften nach seiner formalen und methodischen Seite hin zu erweitern. Es fehlt uns in dieser Wissenschaft eine Art der Behandlung des Materials, oder ist diese Art wenigstens noch nicht so ausgebildet und ausgedehnt, wie in den Nachbarwissenschaften, wo sie seit langem geläufig ist; nämlich die vergleichende Darstellung einzelner Formen und Erscheinungen.

Eine Ausdehnung des Begriffes der Ikonographie würde als eine Sonderdisziplin der Kunstwissenschaft eine vergleichende Kunstgeschichte anbahnen, die nicht nur die Darstellung von Personen und Motiven der Bibel in der religiösen Kunst, vornehmlich des Mittelalters, verfolgt, sondern ebenso wie die vergleichende Literaturgeschichte zu zeigen sucht, wie Stoffe der Geschichte und Dichtung, bestimmte Motive, Symbole und Allegorien von der modernen Kunst aller Völker aufgefasst und wiedergegeben sind.

Einer Untersuchung über das Christusbild bei den Malern des Mittelalters wäre eine Untersuchung über die Darstellung Jesu in der m o d e r n e n Kunst an die Seite zu setzen, und neben die oft gestellte und oft auch beantwortete Frage, wie spiegelt sich die Gestalt einer Iphigenia oder Genofeva, eines Cäsar, Faust oder Beethoven in der Dichtung, hätte gleichwertig die Frage zu treten, wie hat die b i l d e n d e Kunst versucht, diese Personen zu verkörpern? Oder ein anderes Beispiel: Wie sind die Gestalten des Märchens, etwa das Schneewittchen oder das Dornröschen von Künstlern verschiedener Nationalitäten: Richter und Schwind, Boutet de Monvel und Walter Crane im Bilde festgehalten worden?

So könnte man die Zahl der Beispiele, die Reihe lockender und lohnender Aufgaben aus dem Bereiche der modernen Kunst leicht vermehren, und es wäre eine dankbare Arbeit, wenn unsere neugegründete Ikonographische Gesellschaft in Erweiterung des Begriffes "Ikonographie" ihre Tätigkeit auch auf die moderne Kunst und die Darstellung moderner Gestalten und Ereignisse in der Kunst ausdehnen würde. Natürlich müsste auch der geplante Thesaurus Iconographiae seine Grenzen dahin erweitern und ein allgemeines Stofflexikon der Kunst darstellen.

Anlage und Vorbereitung dieses Thesaurus könnte vielleicht ganz in der Weise geschehen, wie bei dem berühmten Thesaurus lingua latinae: freiwillige und bezahlte Mitarbeiter, die allmählich das Zettelmaterial zusammenbringen, das in einer Zentrale, dem Sitze des ständigen Ausschusses gesichtet und geordnet wird. Mit Hilfe dieses Rohmaterials werden dann ebenso wie beim Thesaurus linguae latinae hierzu bestimmte Fachleute die einzelnen Themen und Artikel bearbeiten.

Vielleicht kann aber die Gesellschaft neben den wissenschaftlichen auch volkstümliche und belehrende Ziele verfolgen. Sie kann ikonographische Ausstellungen veranstalten oder veranlassen und einem grösseren Publikum zeigen, was nur dem Fachgelehrten bekannt ist, die Darstellung des Abendmahles, Herodes und Mariamnes, der heiligen drei Könige usw. in der Kunst.

Das Bureau der Gesellschaft brauchte mit diesen Arbeiten gar nicht belastet zu werden, es hätte blos den Künstlervereinigungen oder Ausstellungskomitees das Verzeichnis des in Frage kommenden Materials zur Verfügung zu stellen. Die Beschaffung und Anordnung desselben bliebe dann diesen überlassen. */51/*

Sind das auch ferne, utopische Ziele, so dürfen wir uns auch zu den näher gesteckten, wissenschaftlichen beglückwünschen und den Herren, die diese Gesellschaft ins Leben riefen, danken.

Dr. L. Éber - Budapest:

Ich möchte mir die ergebene Anfrage erlauben, in welchem inneren Verhältnis diese neue Gesellschaft mit dem Kongress steht, ob sie selbstständig ist, oder in irgend einer Weise damit verknüpft sein wird.

Präsident Prof. Dr. Schmarsow - Leipzig:

Das ist ja in den Statuten genau vorgesehen: Es wird ein möglichster Anschluss gesucht werden, aber im übrigen ist die Gesellschaft selbstständig.

Ich möchte mir zu den Ausführungen des Herrn de Mandach zu bemerken erlauben, dass ich nicht die Wahl als Vizepräsident angenommen habe, sondern nur als einfaches Vorstandsmitglied. Ich habe gebeten, mir dieses Amt, das ursprünglich F. X. Kraus zugedacht war, nicht zu übertragen, weil ich ohnehin mit Arbeiten überladen bin und mit meiner wissenschaftlichen Richtung der Sache verhältnismässig fern stehe. Also das wollen Sie berichtigen; es kann nur ein Versehen sein.

D. Internationaler Kunsthistorischer Kongreß in Darmstadt vom 23. bis 26. September 1907

Die Tagesordnung der Verhandlungen *des Kongresses sieht als Punkt 8 vor:* Internationale Ikonographische Gesellschaft *[S. 3].*

In der Geschäftsordnungsdebatte vom 25. September [S. 52-53] gibt es Uneinigkeit darüber, ob der Tagesordnungspunkt 8 noch am 25. September behandelt werden soll. Prof. Dr. Adolph Goldschmidt sieht seine Behandlung als dringlich an. Prof. Dr. Rudolf Kautzsch stimmt dem zu, als er seine Ausführungen über die Zukunft des Kunsthistorischen Kongresses beginnt [S. 53-54]:

Kautzsch: Es ist in der Tat bedauerlich, daß wir die Tagesordnung nicht abwickeln können, wie sie vorgesehen ist. Ich bin überzeugt, daß wir sonst die Überzeugung gewonnen hätten, daß für den Kongreß ein */54/* gewichtiges Feld zur Bearbeitung übrig bleibt. Ich will nur anknüpfen an das, was ich hernach noch einmal vorzutragen haben werde. Ich muß an einem Beispiel zeigen, wie wir uns die Arbeit des Kongresses denken. Es besteht für die ikonographische Arbeit eine Gesellschaft, eine Organisation, und das ist eine internationale. Wir werden den Vorschlag machen, daß wir die Gesellschaft in nationale Gruppen teilen, also in eine deutsche, eine französische usw. Die französische ist schon in der Bildung begriffen, sie zählt schon 60 Mitglieder, und so werden sich noch mehr Gruppen bilden. Die deutsche Gruppe werden wir bitten, sich mit der neuen Deutschen Gesellschaft in Verbindung zu setzen und in irgend einer Form sich ihr anzugliedern. Vom Kongreß aus wäre dafür zu sorgen, daß sich weitere solcher Gruppen im Ausland bilden. Die Delegierten aller dieser einzelnen nationalen Gruppen würden sich auf dem Kongreß zusammenfinden, das Arbeitsprogramm besprechen und die Verwendung der Mittel beraten. So bleibt die Möglichkeit, Mittel der Deutschen Gesellschaft für die deutsche Gruppe der internationalen ikonographischen Gesellschaft flüssig zu machen. Andererseits haben wir die Aufgabe, für eine Verständigung unter den verschiedenen nationalen Gruppen zu sorgen für alle Aufgaben, die international gelöst werden müssen. Diese Verständigung bewirkt der Kongreß. Ich kann mir denken, daß sich für andere Gruppen ein ähnliches Vorgehen empfiehlt, daß sich andere auswärtige Sektionen mit der deutschen verständigen, und so kommen wir zu einem erweiterten großen Programm, zur Vervollständigung der deutschen Arbeit. Ich möchte sehr wünschen, daß dies bewerkstelligt wird.

Der Bericht gibt auf S. 103-106 zum 26. September die folgende Diskussion zum Tagesordnungspunkt 8 wieder, die von Professor Dr. Rudolf Kautzsch eingeleitet und von ihm sowie den Professoren Josef Strzygowski und August Schmarsow geführt wird:

Internationale Ikonographische Gesellschaft.

Kautzsch: Bereits durch den Kongreß in Lübeck ist eine internationale Kommission zur Vorbereitung einer Ikonographischen Gesellschaft eingesetzt worden. Sie bestand aus den Herren Müntz, Kraus, Tikkanen, Schlosser und von Mandach und hatte das Recht der Kooptation. Die Aufgabe wurde etwa dahin umschrieben: es scheint deutlich, daß für ikonographische Studien nicht dasselbe Interesse vorauszusetzen ist, wie für andere Arbeiten, und daß ikonographische Studien, wenn sie Erfolg haben sollen, ein besonders hohes Maß von Liebe und Hingabe erfordern. Sie bedürfen also mehr als andere Arbeiten einer besonderen Anregung und Unterstützung. Deshalb schien es geraten, die nächste Tätigkeit darauf zu konzentrieren, bestimmte Themata zur Bearbeitung zu empfehlen, Preise auszuschreiben und Stipendien zu verleihen an Forscher, die sich auf ihren Reisen ikonographischen Studien widmen wollen, oder Veröffentlichungen, die geplant oder vorgesehen sind, zu unterstützen. Die Förderung oder Neuanlage von besonderen ikonographischen Abteilungen bei den Lehrmittelsammlungen der Hochschulen und den Kupferstichkabinetten wurde als weitere Aufgabe bezeichnet. Man dachte sich die Sache so, daß eine Gesellschaft mit Beiträgen gebildet werde; diese sollte sich weiter an Mäcene wenden und an Korporationen, die Mittel haben, um so Geld zu beschaffen. Die ernannte Kommission hat sich dann mit der Sache beschäftigt und hat während der Tagung des Kongresses in Innsbruck eine internationale Gesellschaft gegründet. F. X. Kraus war unterdessen gestorben, an seine Stelle trat Schmarsow. Man beschloß an die Agitation zu gehen, insbesondere Mitglieder zu werben. Der Jahresbeitrag sollte 10 Mark betragen, und jährlich sollte ein Bericht gedruckt werden, der über die Bibliographie und über alles, was für die Forschung auf dem Gebiet der Ikonographie von Interesse ist, Mitteilungen bringen sollte. Es wurde auch vorgesehen, daß dieser Bericht selber einzelne neue Studien enthalten könnte. Schließlich war die Herausgabe eines großen Thesaurus iconographicus geplant. Ich will hier einschalten, daß gleich damals bei der Debatte eine gewisse Unklarheit über den Begriff der Ikonographie zu tage trat. Man dachte zunächst an die Stoffe, die in */104/* der bildenden Kunst behandelt werden, an den Zusammenhang mit der Literatur. Demgegenüber wurde aber auch eine andere Auffassung laut, die die Entwicklung des Typus im Auge hat, unabhängig von der Literatur, die sich nur an die künstlerisch gestalteten Resultate hält und nichts nach den Quellen und Strömungen fragt, denen die Wandlung in der Auffassung und Gestaltung des Gegenstandes wenigstens mit entspringt. Wir können hier natürlich nicht in eine Debatte zur Klärung des Begriffes Ikonographie eintreten. Es wird sich heute vielmehr darum handeln, wie wir uns zu der so begründeten Ikonographischen Gesellschaft verhalten sollen. Seit Innsbruck ist nicht mehr viel geschehen. In Frankreich sollen 60 Mitglieder angeworben sein, und es wurde uns von französischer Seite der Vorschlag gemacht, wir möchten uns mit den archäologischen und antiquarischen Gesellschaften in Verbindung setzen, damit diese hierher Vertreter schicken könnten, um die Sache so weiter zu fördern. Das haben wir aber nicht getan. Es schien uns richtiger, erst einmal im eigenen Hause Klarheit zu schaffen und dann erst weiter zu gehen. Die Anregung kam übrigens zu einer Zeit, da wir noch gar nicht voraussehen konnten, wie der Kongreß sich gestalten werde: wir wollten diese fremden Delegierten jedenfalls nicht hierher einladen, wo wir nicht wußten, ob wir nicht am Ende froh sein würden, französische Forscher nicht dabei zu haben.

Nun wird ja auch die künftige Deutsche Gesellschaft den ikonographischen Studien ihr Interesse zuwenden müssen: gerade hier scheint eine Veranlassung zur Unterstützung einschlagender Studien in besonders hohem Maße gegeben. Man könnte sich die Sache vielleicht so denken, daß die deutschen Mitglieder der bestehenden Ikonographischen Gesellschaft sich als ikonographische Sektion der Deutschen Gesellschaft konstituieren. Ebenso mag sich eine französische, mögen sich weitere nationale Gruppen bilden. Ob sich dann unsere deutsche Gruppe der künftigen Gesellschaft in Berlin anschließen wird oder nicht, der Vereinigungspunkt für die verschiedenen nationalen ikonographischen Gesellschaften wäre jedenfalls der kunsthistorische Kongreß. Hier werden sich die Vertreter der verschiedenen Länder zusammenfinden, um über das Arbeitsprogramm und die Verwertung der Mittel zu verhandeln und sich zu verständigen. Für dieses Arbeitsgebiet wie für manches andere wird der Kongreß den internationalen Charakter wahren müssen, und es wird wertvoll sein, gerade hier auf dem Kongreß eine Verständigung über die zu leistende Arbeit herbeizuführen, da wir so viel leichter eine umfassende Bewältigung der großen Aufgaben bewerkstelligen können. Wir würden in Deutschland Mühe haben, eine Gesellschaft, die unabhängig von der neuen Gesellschaft für Kunstwissenschaft lediglich der ikonographischen Forschung dienen sollte, zu schaffen. */105/* Darüber sind wir uns nun klar, die Mittel würden sehr schwer aufzubringen sein; daran krankt ja auch die Innsbrucker Gründung. Wir würden kaum Mäcene finden, die ikonographische Arbeiten unterstützen möchten, und auch die Akademien würden schwer zu gewinnen sein, große Summen herzugeben. Wenn aber die künftige deutsche Gesellschaft die deutsche ikonographische Gruppe mit einigen Mitteln ausstattet, dann wird sich vielleicht auch dank den Verbindungen und dem Einfluß dieses größeren Ganzen darüber hinaus etwas wesentliches speziell für ikonographische Studien flüssig machen lassen. Ähnlich mögen sich die ikonographischen Gruppen des Auslandes mit schon bestehenden Organisationen in Verbindung setzen. Nur die Organisation der Arbeit muß, damit alle diese Gruppen in Fühlung bleiben, dem Kongreß vorbehalten werden.

Strzygowski: Ich glaube, daß diese Institution sehr geeignet ist, die Kongresse zur Anknüpfung internationaler Beziehungen zu drängen. Denn abgesehen davon, daß die einzelnen auf nationaler Grundlage arbeitenden ikonographischen Gesellschaften die Resultate ihrer Forschungen austauschen und mit einander in Einklang zu setzen suchen müssen, bleibt auf sehr lange hinaus noch eine Gruppe von Ländern, wo es eine einheimische Kunstwissenschaft nicht gibt, wie in Griechenland und im Orient. Da dort zum guten Teil die Wurzeln der ikonographischen Forschung liegen, so sind alle Gesellschaften gleich an diesen Dingen beteiligt. Das verbindet uns international untereinander. Es fragt sich aber doch, was wir für den Augenblick machen.

Kautzsch: Ich würde etwa sagen: Wir empfehlen dem Vorstand der Ikonographischen Gesellschaft, der doch besteht, noch einige Forscher zu kooptieren und zwar zunächst Deutsche. Wir empfehlen weiter, daß diese deutschen Mitglieder eine deutsche Gruppe bilden und als solche Fühlung nehmen mit der Deutschen Gesellschaft. Vielleicht können sie sich der Deutschen Kunstwissenschaftlichen Gesellschaft als ikonographische Sektion anschließen. Ich glaube, dagegen wird kaum ein Bedenken vorliegen. Wir haben ja wiederholt gehört, daß die neue Gesellschaft Fühlung mit dem Kongreß sucht. Da haben wir einen praktischen Fall: das wird also wohl zu machen sein.

Schmarsow: Ich möchte nur fragen, ob nicht ein Verzeichnis der deutschen Mitglieder besteht. Dr. v. Mandach müßte das wissen. So viel ich weiß, waren da alle namhaften Leute aufgeführt. Unter den Führern sind Julius v. Schlosser, Goldschmidt, Weber, und in dem Berichte sind ja auch ganz bestimmte Namen genannt worden. Es käme nur darauf an, daß man sich mit allen, die sich dafür interessieren, in Verbindung setzt. Ich möchte also bitten, daß Dr. v. Mandach, der die französische Gruppe leitet, einmal die Mitgliederliste bekannt gibt. Die */106/* Franzosen haben die Mittel, die gebraucht werden, und haben auch einen tatkräftigen Präsidenten zu gewinnen versucht.

Strzygowski: Ich möchte nur konstatieren, daß meines Wissens der Vertreter der Deutschen Gruppe Herr Professor Schmarsow ist.

Schmarsow: Leider habe ich mich auf vieles Drängen dazu verstanden, als solcher einzutreten, obwohl ich doch nicht der Fachmann bin, der an solche Stelle gehört.

Strzygowski: Es handelt sich nicht darum, daß wir neu anfangen, d.h. nicht einfach eine neue internationale ikonographische Gesellschaft gründen, sondern für eine nationale Sektion sorgen und auf dem Münchener Kongreß erfahren, wie die Sache steht.

Schmarsow: Ich würde das Amt gern an Herrn v. Schlosser oder Goldschmidt abtreten, die viel mehr persönliche Fühlung mit den Fachleuten haben.

Strzygowski: In einer Zuschrift des Kollegen Josef Sauer in Freiburg wird speziell auch die ikonographische Sache betont, ich möchte deshalb bitten, sich auch mit Kollegen Sauer in Verbindung zu setzen. Dann liegt ein Brief von Tikkanen vor, er schreibt, daß er sich ganz anderen Dingen zugewendet habe und bittet, von ihm abzusehen. Ich glaube, wir wenden uns an Kollegen Goldschmidt, der wohl auch bereit ist, die Sache zu organisieren. (Zustimmung.)

E. Internationaler Kunsthistorischer Kongreß in München vom 16. bis 21. September 1909

Professor Dr. Rudolf Kautzsch führt in dem Geschäftsbericht, den er im Auftrag des ständigen Ausschusses am 17. September vorträgt, u.a. aus [S. 51]:

Eine weitere Aufgabe, die dem Vorstand gestellt wurde, war die endliche Begründung der vielfach geplanten und erörterten ikonographischen Gesellschaft. Da es sich als unmöglich erwiesen hat, den Plan so, wie er einst gedacht war, zu verwirklichen, so habe ich im Einverständnis mit Herrn Kollegen Goldschmidt, der in Darmstadt die weitere Förderung der Angelegenheit übernommen hatte, mir Gedanken über ein bescheideneres Programm gemacht. Der Vorstand schlägt auch vor, für diesen Punkt eine kleine Kommission zu ernennen, die jenes Programm prüft. Sollte diese Kommission zu der Überzeugung kommen, daß es sich verwirklichen läßt, so können wir wiederum am letzten Kongreßtage entweder derselben Kommission oder einer etwas erweiterten die ganze Angelegenheit zur endgültigen Behandlung überweisen.

Im Anschluß daran kommt es zur Behandlung der Begründung der genannten Kommission. Professor Dr. Adolph Goldschmidt und Professor Dr. Rudolf Kautzsch führen das Wort [S. 53-54]:

Dr. Goldschmidt: *[...]* Hieran möchte ich gleich die Frage wegen der zweiten Kommission, die ikonographische Gesellschaft betreffend, anknüpfen. Diese Kommission könnte natürlich viel kleiner sein. Gegen die Tatsache, daß eine solche Kommission gebildet wird, wird kein Widerspruch bestehen, denn diese Frage läßt sich fast noch schwerer im Plenum erledigen als die vorhergehende. Ich möchte bitten, auch hierzu Vorschläge zu machen. */54/*

Dr. Kautzsch: Es ist wohl selbstverständlich, daß wir dieser Kommission zunächst Herrn Dr. Goldschmidt selbst zum Vorsitzenden geben, der sich in Darmstadt bereit erklärt hat, die Angelegenheit in die Hand zu nehmen. Ebenso selbstverständlich, daß wir Herrn von Mandach, der die Angelegenheit in dankenswerter Weise wiederholt vertreten hat, in Lübeck schon, dann in Innsbruck und auf dem internationalen Historikerkongreß in Berlin, in die Kommission nehmen und ebenso Herrn Prof. Dvořák, der sich auch sehr lebhaft für diese Sache interessiert.

Es wird wohl genügen, wenn diese Kommission aus drei Mitgliedern besteht mit dem Recht der Kooptierung. Die drei Herren werden die Sache schon machen, und wenn sie das Bedürfnis haben, sich jemanden zu kooptieren, können sie es tun.

Dr. Goldschmidt: Wenn niemand etwas einzuwenden hat, dann ist die Versammlung damit einverstanden, daß diese Kommission besteht aus den Herren Dvořák, Goldschmidt, Mandach mit dem Recht der Kooptierung.

In der Geschäftssitzung des Kongresses am 20. September bittet Rudolf Kautzsch Adolph Goldschmidt aus den Kommissionen zu berichten [S. 112]. Hierbei berichtet er auch über die Bemühungen um die Begründung der Ikonographischen Gesellschaft [S. 114-117]. Dem Bericht Goldschmidts folgt eine kurze Aussprache, die das Ende der Bemühungen signalisieren. In den weiteren Offiziellen Berichten über die Verhandlungen der Internationalen Kunsthistorischen Kongresse taucht das Thema nicht mehr auf.

Dr. Kautzsch: *[...]* Nunmehr kommen wir zum zweiten Berichte, den ich ebenfalls Herrn Dr. Goldschmidt zu erstatten bitte.

Dr. Goldschmidt: Es handelt sich hier um die ikonographische Angelegenheit, nämlich die Frage, ob es möglich ist, eine ikonographische Gesellschaft zu gründen, in welcher in ausgezeichnetster Weise eine Förderung der ikonographischen Untersuchungen gehandhabt wird. Diese Frage beschäftigt den Kongreß schon lange. Im vorigen Kongreß waren verschiedene Herren gebeten worden, sich damit zu beschäftigen, darunter auch ich. Man kann das nicht gerade eine Kommission nennen. Wir sind nun in der Zwischenzeit zwischen dem vorigen und dem diesmaligen Kongreß zur Anschauung gekommen, daß die Anbahnung einer ganz allgemeinen Ikonographie auf Grund der Bildung einer ikonographischen Gesellschaft eine ganz uferlose Sache ist, und daß sich der Kongreß eigentlich auf so unübersehbare Dinge nicht einlassen sollte. Wenn man einmal darüber nachdenkt, was eigentlich in eine solche Ikonographie gehören sollte, daß da jeder Kunstgegenstand und jede Darstellung, überhaupt alles, was nur etwas von Bedeutung ist, registriert werden müßte, dann muß man sagen, es ist das Material so groß, daß es überhaupt keinen Sinn hat, anzufangen. Wir haben deshalb davon abgesehen, diese weite Aufgabe weiter zu verfolgen. Dagegen zeigt sich in Frankreich für diese Sache ein großes Interesse. Hauptsächlich Eugène Müntz */ 115 /* ist es gewesen, der die Idee einer solchen ikonographischen Gesellschaft sehr stark vertreten hat, und Herr von Mandach, der mit dieser Frage betraut ist und beauftragt war, sich damit zu beschäftigen, hat sich in den französischen Kreisen umgesehen und reichliche Zustimmung gefunden. Da haben wir uns denn gesagt, wenn in Frankreich für diese Sache ein so großes Interesse besteht, dann könnten wir eigentlich es den Franzosen überlassen, diese Sache in Gang zu bringen. Wir würden dann die Bibliographie und die Jahresberichte machen, und sie könnten, wenn sie so viel Interesse daran haben, versuchen, ob sie wirklich so viel Mittel aufbringen, eine solche ikonographische Gesellschaft gerade in ihrem Sinne zu begründen. Wir können einstweilen nur erklären, daß wir von Seite des Kongresses aus das Gelingen eines solchen Planes sehr freudig begrüßen würden und auch die Tätigkeit eines derartigen Vereines sicherlich nach Möglichkeit unterstützen würden. Wenn dann die Sache seitens der Franzosen wirklich in Gang kommt, dann können wir uns ja fragen, wie wir dazu beitragen werden, und was insbesondere seitens des Kongresses zu tun ist. Herr von Mandach hat es übernommen, die Sache weiter zu verfolgen.

Um sich aber nicht mit diesem negativen Resultat zu begnügen, hat die Kommission den Plan gefaßt, innerhalb engerer Grenzen und in einer etwas bestimmteren Form den ikonographischen Interessen nachzugehen, nämlich zunächst auf dem Gebiet der Kostümkunde und dessen, was dazu gehört.

Es sollen in den verschiedenen Ländern Vertreter bestimmt werden, die in zwangloser Weise das Material für Kostümforschung sammeln und ein Depot von Verzeichnissen, Abbildungen, Nachweisen einrichten, das sich aus gelegentlichen Arbeiten zusammensetzt. Zwischen diesen Depots findet ein Austausch der Nachweise und gegenseitige Benutzung des Materials durch Empfohlene statt. Es wurden einstweilen als Vertreter in Aussicht genommen:

für Frankreich	Herr von Mandach
" Oesterreich	" Dvořák
" Deutschland	" Goldschmidt
" Italien	" Venturi
" Schweiz	" Zempt
" Christiania	" Fett
" England	" Dodgson

Diese Herren sind zum Teil noch zu fragen, ob sie überhaupt annehmen wollen. Wenn sie aber die Annahme verweigern sollten, was ich nicht hoffe, würde man eben nach anderen Herren sich umsehen müssen. Es handelt / *116* / sich ja hier nicht um einen Antrag, der direkt vor die Versammlung kommt, sondern um eine Sache, die einfach in der Kommission beschlossen worden ist, und die zunächst einmal von dem guten Willen der einzelnen Beteiligten abhängt, da ja eine Heranziehung der einzelnen Kongreßmitglieder nicht anders stattfinden kann als höchstens dadurch, daß sie freiwillig an der Erledigung einer Aufgabe mitwirken. Es ist das also mehr eine einfache Vorlage dessen, was wir beschlossen haben, und ich glaube, daß es da nicht über irgendetwas abzustimmen gibt. Es könnte höchstens gefragt werden, ob aus der Versammlung selbst zu dieser Sache noch irgendwelche Wünsche zu äußern sind oder auf besondere Punkte noch aufmerksam gemacht werden soll.

Dr. Kautzsch: Sie haben auch diesen Bericht gehört, und ich kann nur bestätigen, daß die Ergebnisse auch dieser Kommission durchaus mit dem zusammentreffen, was wir uns nach längerer Überlegung schon vor dem Beginn dieses Kongresses als das wahrscheinliche Ergebnis haben vorstellen müssen. Es hat sich eben doch als undurchführbar erwiesen, eine ikonographische Gesellschaft, wie sie in Lübeck uns schon beschäftigt hat, wie sie in Innsbruck wieder aufgetaucht ist und auf dem internationalen Historikerkongreß in Berlin behandelt worden ist, eine solche ikonographische Gesellschaft mit einem so weittragenden Programm zu verwirklichen. Wir müssen diesen Punkt endlich einmal aus dem Geschäftsbereich des kunsthistorischen Kongresses ausscheiden. Das ist schmerzlich, aber man muß sich zu einem solchen Schritt entschließen, wenn man sieht, daß die Sache nicht zu machen ist. Um so mehr wird uns dieser Verzicht versüßt durch die freundwillige Erklärung mancher Herren, daß sie innerhalb bescheidener Grenzen wenigstens ein Kapitel der Ikonographie pflegen wollen, vor allem die Kostümkunde, die allerdings uns sehr am Herzen liegt, und wir können nur den Herren herzlich danken, wenn eine solche zentrale Auskunftsstelle in jedem Lande sich findet, die sich die Förderung der Angelegenheit zur Aufgabe macht. Jedenfalls haben wir schon dadurch etwas erreicht, daß ein Kristallisationspunkt geschaffen ist für weiterhin, und das begrüßen wir mit großem Dank und großer Freude, und ich denke, wir können uns damit zufrieden geben.

Dr. Fischel: Ich möchte nur erwähnen, daß eine Art Sammelpunkt, speziell für dieses Gebiet, bei uns in Deutschland schon existiert, nämlich in der ehemaligen Lipperheideschen Kostümsammlung in Berlin, die jetzt zum Bereich des Kunstgewerbemuseums gehört. Dort ist, wie vielleicht einem Teil von Ihnen bekannt ist, alles, was an Literatur über Kostümgeschichte existiert, gesammelt. Auch besteht dabei eine immer wachsende Sammlung von einzelnen Blättern. Außerdem untersteht die Samm- / *117* / lung dem Herrn Dr. Döge, der in seiner Person ein vollständiges Archiv für Kostümgeschichte bedeutet. Ich meine doch, daß diese Angelegenheit nicht behandelt werden kann, ohne auch diese stattliche Sammlung zu berücksichtigen, und daß es sich vielleicht empfehlen dürfte, wenn diese Sammlung mit Hilfe aller Fachgenossen noch weiter ausgebaut würde.

Dr. Goldschmidt: Es versteht sich von selbst, daß man sich mit Sammlungen dieser Art insofern in Verbindung setzt, als man zuerst nachsieht, was sie enthalten, und sie kennen lernt. So z.B. die vom Herrn Vorredner genannte Sammlung, die sehr umfangreich ist; es wird auch noch andere Kostümsammlungen geben. Man wird sich also orientieren, was zu ergänzen ist, und kann diejenigen, die sich dafür interessieren, einfach auf solche Sammlungen verweisen. Ich glaube nicht, daß das eine das andere vollständig ausschließt.

Dr. Kautzsch: Ich möchte hierzu noch ganz kurz folgendes bemerken: Daß sich die beiden Dinge ganz gewiß nicht ausschließen, können Sie sofort daraus ersehen: wenn Sie für irgendeinen ganz speziellen Punkt an einem ganz speziellen Ort eine Auskunft haben wollen, so läßt sie in der Regel auch die größte Kostümsammlung im Stich; so etwas muß lokal gemacht werden und mit voller Berücksichtigung aller lokalen Denkmäler, die nur mit größter Aufmerksamkeit zugänglich gemacht werden können. Ich glaube nicht, daß wir mit einem Schlag alle die Auskünfte bekommen, die wir brauchen, glaube also, daß beide Wege einander nicht ausschließen, sondern daß man sich am besten gegenseitig in die Hände arbeitet. Außerdem wird immer noch der Erfolg bestehen bleiben, daß wir für das Ausland solche Auskunftsstellen bekommen, was wir nur mit größter Freude begrüßen können. Ich glaube daher, wir können es bei dem Beschluß der Kommission betreffend die ikonographische Gesellschaft belassen.

Das Wort dazu wird weiter nicht begehrt.

II.

Faksimiles von "Programme" und "Statuts" der "Société Internationale des Études Iconographiques", 1902

Fundort: Vgl. Anm. 4 der Einleitung.

SOCIÉTÉ INTERNATIONALE
DES ÉTUDES ICONOGRAPHIQUES

PROGRAMME

Les œuvres d'art peuvent être envisagées à trois points de vue distincts : les sujets qu'elles représentent (c'est comme la raison d'être et l'armature d'un tableau, d'un dessin, d'une gravure, d'une statue); en second lieu, les sentiments qu'elles expriment ; enfin, leur technique et leur style.

Du style et des procédés, assez d'archéologues ou d'historiens d'art s'en occupent de nos jours. Jamais encore l'appréciation des mérites techniques ou esthétiques, la connaissance des particularités propres à chaque maître, n'ont été l'objet d'études aussi assidues, aussi pénétrantes. Peut-être même l'histoire de l'art tient-elle trop compte de la virtuosité des artistes. En tout état de cause, elle tend à négliger l'analyse des grands courants d'idées et de sentiments auxquels, de toute nécessité, il faut qu'une œuvre d'art se rattache si elle prétend être vivante et éloquente.

C'est pour combler cette lacune qu'est créée la Société internationale des Etudes iconographiques.

L'institution nouvelle se propose de faire, pour l'Antiquité chrétienne, le moyen-âge et la Renaissance, ce qui a été réalisé déjà, dans une large mesure, pour l'Antiquité classique.

Quelles sont, au juste, les limites du domaine que la Société internationale des Etudes iconographiques se propose d'exploiter ? Telle est la première question à laquelle nous avons à répondre.

Mettons-nous d'accord avant tout sur le sens même du mot Iconographie. D'après la dernière édition du *Dictionnaire de l'Académie française* (1879), ce terme offre les significations suivantes : « Description des images, des tableaux, etc. Il se dit particulièrement de la connaissance des monuments antiques, tels que les bustes, les peintures. — Il se dit aussi d'une collection de portraits d'hommes célèbres de l'antiquité. L'Iconographie de Visconti. D'après M. Cloquet, l'Iconographie a pour objet, dans le sens généralement reçu, l'interprétation du langage des images ».

Commençons par constater que le mot Iconographie a, en effet, un double sens : il s'applique à l'étude des portraits, aussi bien qu'à l'analyse des thèmes de toute nature interprétés par l'Art. Le mot Iconologie n'offrirait pas le même inconvénient. Mais il y a toujours danger à innover et, puisqu'après les déclarations ci-dessus, aucun doute ne saurait plus subsister, contentons-nous du mot Iconographie, en lui donnant la signification bien précise d'étude sur les sujets représentés dans les œuvres d'art, par opposition à la technique et au style.

Il n'est point nécessaire d'insister sur l'importance de telles études. Quel est le sujet : telle n'est-elle pas la première question qui se pose à nous devant un tableau, une sculpture, une gravure ? Et nous la résolvons en cherchant dans nos souvenirs littéraires, car il est rare surtout pour le passé, qu'un artiste n'ait pas mis à contribution soit les Saintes Ecritures, soit la Fable, soit les poètes, soit les historiens. L'Iconographe doit donc se familiariser avec les sources d'inspiration les plus diverses : dogmes religieux, légendes ou mythes, épopées, chroniques, annales, œuvres d'imagination de toute nature, traités de philosophie, de morale, vastes encyclopédies, à la façon du *Miroir de Vincent de Beauvais*, il n'est pas jusqu'aux écrits d'actualité — pamphlets ou satires, — qui ne puissent fournir d'utiles renseignements. Dans le domaine religieux, la liturgie, jusqu'ici trop dédaignée, devra également être mise à contribution dans la plus large mesure.

Si nous devinons, du premier coup d'œil, le sujet de la presque totalité des compositions qui se rapportent à l'Ancien ou au Nouveau Testament, à la mythologie ou à l'histoire gréco-romaine, c'est que nous sommes familiarisés, grâce à l'éducation classique, avec les sources littéraires auxquelles ces sujets sont empruntés. Et cependant, même en pareille matière, il est des épisodes peu connus qu'une lecture attentive de la *Bible*, de l'*Iliade*, des *Tragiques* et autres recueils analogues, peut seule nous aider à déterminer. Il suffit de rappeler dans cet ordre d'études, la découverte récente faite au sujet de la soi-disant *Forêt des Philosophes* de Giorgione; de tous les exégètes, aucun n'avait réussi à déterminer le sujet, lorsque M. Wickhoff découvrit que Giorgione avait tout simplement interprété un récit de l'Eneide.

A fortiori, lorsqu'il s'agit de thèmes puisés dans des ouvrages moins populaires, tels que les *Métamorphoses* d'Ovide, la *Psychomachie* de Prudence, la *Légende des saints*, etc., une véritable érudition littéraire est nécessaire pour découvrir ce que représente chacune de ces œuvres d'art.

L'Illustration, peinte, dessinée, gravée, sculptée, des ouvrages de piété, de morale, d'histoire, des poèmes, des romans, des écrits de toute nature, tel est, en définitive, le thème primordial qui s'offre aux investigations de l'Iconographe.

Ce qui est resté à faire, dans ce sens, rien que pour la miniature, on le sait par les beaux travaux de Springer sur les Psautiers.

Notre Société ne négligera rien pour favoriser les monographies de ce genre, soit qu'il s'agisse de l'Iconographie d'un saint, comme l'ont fait M. Thode pour saint François d'Assise et M. de Mandach pour Saint Antoine de Padoue, soit de l'Iconographie d'un poème, comme M. Kraus ou M. Volkmann l'ont fait pour la *Divine Comédie* de Dante.

En même temps, notre Société provoquera la confection de ces répertoires iconographiques dont l'absence se fait si cruellement sentir. Une des premières entreprises auxquelles elle s'attachera sera l'établissement d'un « Thesaurus iconographicus » rédigé conformément au système adopté par Bartsch dans son *Peintre-Graveur* ou par Zani dans son *Encyclopédie*.

La Société croit en outre ne pas sortir de sa mission en proposant, pour les collections publiques d'estampes ou de photographies, des modèles de classement et en intervenant auprès des conservateurs afin que les inventaires de ces collections forment des répertoires faciles à consulter par les Iconographes.

Est-il nécessaire d'ajouter qu'il sera indispensable de faire rentrer dans notre programme les manifestations les plus humbles de l'art populaire, aussi bien que les chefs-d'œuvre du grand art!

La Société côtoiera donc, à tout instant, le domaine du Folk-Lore, mais elle s'efforcera de ne pas faire double emploi avec les Sociétés qui se consacrent spécialement à ces études.

Une attention spéciale sera accordée aux ornements proprement dits : la prédominance de tel ou tel d'entre eux — grecque, spirale, entrelacs, etc., — ne sert-elle pas à caractériser des Ecoles entières? Bien plus, beaucoup de ces figures, dans lesquelles l'on n'avait longtemps vu qu'un simple délassement de l'imagination, sont de véritables symboles. Sans accepter toutes les interprétations données par M. Soldi, dans sa *Langue sacrée*, l'on ne saurait dénier à certaines d'entre elles une signification religieuse, morale ou philosophique.

L'histoire des arts ne sera pas seule à bénéficier de ces recherches : l'histoire littéraire en tirera aussi de précieux enseignements. Elle y apprendra par quelles ramifications jusqu'ici inconnues, certaines fictions poétiques ont pénétré, soit dans des couches sociales, soit dans des contrées où l'on ne s'était pas avisé d'en soupçonner la trace. Tel poème, tel roman, parfois sans valeur propre, a suscité des centaines de tableaux ou de gravures, a fait travailler, des siècles durant, l'imagination des artistes.

Il y a mieux : plus d'un thème littéraire n'a exercé sa propagande et n'a reçu son plein développement que grâce au pinceau, au burin ou au crayon : rappelons seulement les *Danses des Morts*. Et quelle lumière de telles investigations peuvent jeter sur l'histoire des mœurs, l'on s'en convaincra à tout instant, en étudiant l'histoire de la caricature.

En un mot, c'est dans un accord intime avec l'histoire littéraire que l'Iconographie nous paraît appelée à faire l'œuvre la plus féconde et à rendre les plus signalés services.

Eugène Müntz,
Membre de l'Institut.

Ch. Eggimann & Cie, Editeurs, Genève et Paris.

STATUTS

DE LA SOCIÉTÉ INTERNATIONALE DES ÉTUDES ICONOGRAPHIQUES

LA Société internationale des Etudes iconographiques a pour but d'encourager tous les travaux qui se rapportent à l'Iconographie sacrée ou profane du moyen-âge, de la renaissance et des temps modernes.

Elle se compose : 1° de membres, dont la cotisation annuelle est fixée à 10 francs (8 marcs, 8 shillings) ; 2° de Comités régionaux, ayant chacun son Président, son vice-Président, son Secrétaire et son Trésorier, et correspondant avec le Comité directeur. Ces Comités verseront au Trésorier général les fonds qu'ils auront recueillis ; 3° d'un Comité directeur, dans lequel figurent les délégués des principaux pays ayant adhéré à l'œuvre.

Les assemblées générales de la Société seront rattachées autant que possible aux Congrès internationaux des Historiens de l'Art ou aux Congrès d'Archéologie chrétienne.

Le Comité directeur prend, dans l'intervalle des sessions, toutes les mesures exigées pour le fonctionnement de la Société. Les élections rendues nécessaires par suite de décès ou de démissions auront lieu dans la première Assemblée générale qui suivra les vacances.

Le Président et le Comité sont nommés pour une période de six ans.

Ils sont rééligibles.

Le siège de la Société se trouve au domicile du Président en fonctions.

Pour devenir membre de la Société, il suffit d'adresser une demande écrite, soit au Comité directeur, soit à l'un des Comités régionaux.

Les ressources de la Société se composent : 1° des cotisations ; 2° de subventions accordées par les gouvernements ou de dons particuliers ; 3° du produit de la vente des volumes.

Dès que les ressources de la Société le permettront, elle publiera un *Bulletin* illustré qui contiendra des travaux originaux, des comptes-rendus et une bibliographie.

Les communications pourront être adressées et seront

publiées dans l'une ou l'autre des langues suivantes : allemand, anglais, français, italien, latin.

La Société s'efforcera en outre de faciliter la publication de travaux trop considérables pour être insérés dans le *Bulletin*.

En attendant, les actes de la Société seront publiés dans les Revues qui s'occupent spécialement d'art ou d'archéologie, telles que la *Revue archéologique*, la *Chronique des Arts*, la *Revue de l'Art chrétien*, l'*Art*, le *Repertorium für Kunstwissenschaft*, etc.

Les adhésions pourront être adressées, dès à présent, au Secrétaire général : M. de Mandach à Oberhofen, lac de Thoune (Suisse).

SOCIÉTÉ GÉNÉRALE D'IMPRIMERIE, GENÈVE
SUCCESSEUR DE CH. EGGIMANN & CIE

Personenregister